MUSEUM
INFORMATICS
SERIES 3

博物館情報学シリーズ……

ミュージアムの
ソーシャル・ネットワーキング

本間浩一 [編著]

樹村房

「博物館情報学シリーズ」の刊行にあたって

　今日の博物館はもはや建物としての博物館ではなく，今や地球市民に情報を提供するシステムへと変身した。情報社会の到来によって，これまでの娯楽，教育，教養が変化し，多かれ少なかれ日常生活はインターネットの恩恵を受けている。きわめてアナログ的世界であった博物館・美術館がデジタル世界との関係を発展させ，ネットワークで結ばれている状況も普通の姿になった。その意味で，ネットワークは地球市民と博物館・美術館をつなぐ大きな架け橋である。

　20世紀の工業社会はコマンド，コントロール，チェックの3Cによって制御されていたといわれるが，21世紀の情報社会はコラボレーション（協働），コミュニケーション（相方向），コンプリヘンション（共通理解）の3Cによって構成される社会である。博物館，図書館，文書館のもつ文化資源の共通性とピエール・ノラのいう「記憶の場」すなわちコメモラシオン（記憶・記録遺産）も博物館情報学のキーワードであろう。暗喩的にいえば，博物館情報学はカルチャー，コメモラシオンの本質的な2Cの基盤の上に，上記の3Cが組み合わさって成立する学問体系といえるかもしれない。

　現在，博物館界は情報に対してどのような取り組みをしているのか，今日までの到達点や研究成果を一度俯瞰してみようと「博物館情報学シリーズ」を企画した。以下，簡単に本シリーズの構成について述べておきたい。

　第1巻は博物館情報学の基礎としての「情報資源と目録・カタログ」を中心にまとめた。第2巻は「コレクション・ドキュメンテー

ションとデジタル文化財」を取り上げた。これまでの博物館学の中で，正面から取り上げられてこなかった目録やコレクション・ドキュメンテーションを主題として真正面から取り上げたのは本シリーズの特徴であろう。第3巻は情報発信を重視しながら博物館のSNSを中心に「ソーシャル・ネットワーキング」について考察した。技術革新の最も速い分野であるため，本巻は内容のアップデートも必要であろう。第4巻と第5巻は博物館と来館者をつなぐコミュニケーションも情報によって成立する活動であるため，博物館機能としての「展示」活動と「教育」活動を取り上げた。第6巻と第7巻は，人工的に創りだす映像空間「プラネタリウム」と生態系施設「動物園・水族館」について焦点を絞った。これらの施設が如何にデジタルと関係が深いかが理解されるであろう。そして最後の第8巻は，博物館・図書館・文書館の連携の実践として「ミュージアム・ライブラリとミュージアム・アーカイブズ」を中心テーマとした。本シリーズの中でも目玉の巻のひとつである。

　記述にあたっては，各巻とも専門的な内容に踏み込みながらも新書レベルの平易さで解説することを心がけたつもりであるが，中には耳慣れない専門用語が登場することもあるかもしれない。本シリーズがひとつの知的刺激剤となり，批判・言説・修正・再考を繰り返しながら，博物館情報学がさらなる進化を遂げていくことを切に願うものである。

　2016年12月

企画編集委員を代表して
筑波大学教授　水嶋英治

まえがき

　20世紀末に登場したインターネットは，瞬く間に私たちの生活の中に浸透し，さまざまな分野の仕組みに大きな変革を迫っている。ネットワークへの接続基盤の普及に加えて，スマートフォンやタブレット端末を用いて広帯域でどこでもネットワークにアクセスできるようになり，またSNSの普及は誰もが情報の発信者になることを可能にした。これらの技術の進歩によって人，組織，社会の相互のつながりの数・量と速度は飛躍的に増大し，結果として質的にも新たなつながりのかたちが試行錯誤で形成されつつある。ソーシャル・ネットワーキングが加速する環境において，ミュージアムも並行して新たな進化の道を辿り始めており，その変化はさらに相互にあるいは多方面に影響を及ぼすことになるだろう。

　本書は，ミュージアムのソーシャル・ネットワーキングについて現在進行形の具体的な事例の紹介を行い，それにより進化の様相を観察し理解するための複数の視点を提示する。個々の事例は，前提とする一定の環境条件の下で何らかの仮説をもって実践されたものである。その条件は，特に重要な要素であるデジタル技術の日進月歩により，時間の経過で容易に揺らぐ。この領域をテーマとして書籍の執筆・編集を試みる以上，必然的につねに時代遅れになることを覚悟しなければならない。読者においては，試みの直接的な成果の評価以上に，環境の変化に追随し続けるための観点の獲得につないでもらうことを願っている。

　1章では，各章で共著者各位がさまざまな独自の実践事例や論考を展開するにあたり基本となる認識を共有することを試みた。新し

い概念であるソーシャル・ネットワーキングによってミュージアムがもつ可能性はどのように咀嚼・分解され再構成されるかを考えるためのフレームワークを模索した。

2章は，ミュージアムによるインターネットの活用状況を，網羅的に調査をした結果の報告である。長年にわたって国内のミュージアムに関して継続的系統的に調査されてきた基盤の上に接続された貴重な分析である。急速に普及したインターネットにどの程度ミュージアムが対応できているかを正確に把握することはすべての議論の足がかりとなるだろう。

3章では，2章とは別の切り口でミュージアムのインターネット対応を鳥瞰したうえで，大阪市立自然史博物館を中心とした現場の活動事例を虫瞰していく。ソーシャル・ネットワーキングの形成を機会として捉える中で，ミュージアムの社会的意義の再評価にも踏み込む論考である。

4章の東京大学総合研究博物館のモバイルミュージアム構想は，現実空間でのソーシャル・ネットワーキング事例である。ミュージアムと市民の日常生活との物理的な接続も，分解と再構成が可能であることを気づかせてくれる。

5章では，切り口を変えてSNSの3つの活用事例を紹介する。

ミュージアムの領域で創発的なネットワークの形成を担う執筆者は，実際に進んでみて初めて見える風景に出会う。待っているだけでは見えなかった風景を求める旅に読者も関心をもってもらえたら幸いである。

2018年9月

編著者　本間浩一

ミュージアムのソーシャル・ネットワーキング
もくじ

「博物館情報学シリーズ」の刊行にあたって————1
まえがき————3

1章　ミュージアムとソーシャル・ネットワーキングの進化
————(本間)—11

1.1　ミュージアムとソーシャル・ネットワーキングの構造
……11
1.1.1　ソーシャル・ネットワーキングというメディア　11
1.1.2　ミュージアムという場　15
1.1.3　メディアによる断片化と場における再構成　28

1.2　"ミュージアム"×"ソーシャル・ネットワーキング"×X ……34
1.2.1　X＝アーキテクチャ　37
1.2.2　X＝民主主義　41
1.2.3　X＝世代　43
1.2.4　X＝文化・集合知・創作　45
1.2.5　X＝支援　48

1.3　進行する多次元化と核となる価値 ……50
1.3.1　"多次元化"するための分解と再構成　50
1.3.2　多次元化から生まれる新たなマトリクス　51
1.3.3　ミュージアムの進化にゆるされた複数の道　54
1.3.4　混沌の中で獲得する各自の視点　56

2章 ミュージアムのインターネット／SNS に関する取り組み
──博物館 ICT の現状── (井上)—59

2.1 博物館ウェブサイトの実態 ………………………………… 60
 2.1.1 調査対象・調査期間 *60*
 2.1.2 博物館ウェブサイト活用状況 *60*
2.2 総合調査からみた SNS ………………………………………… 67
 2.2.1 広報活動における SNS *68*
 2.2.2 館種別の SNS 実施状況 *68*
 2.2.3 広報効果 *68*
2.3 博物館入館者と ICT 充実の相関 …………………………… 72
 2.3.1 入館者数の変動と博物館 ICT 実施状況 *72*
 2.3.2 入館者数別 ICT 実施状況 *72*
 2.3.3 博物館種別 ICT 実施状況 *74*
 2.3.4 SNS 実施の有無と入館者数 *75*
2.4 検索エンジンのヒット件数と入館者数の相関 …………… 79
 2.4.1 館種別ヒット件数 *80*
 2.4.2 館種別平均ヒット数と平均入館者数 *80*
2.5 博物館の新しいコミュニケーションデザインに向けて
 ……………………………………………………………………… 81

3章 自然史系博物館をとりまく重層的ネットワーク
──博物館のネットワーク── (佐久間)—83

3.1 はじめに ………………………………………………………… 83
 3.1.1 社会構成要素として博物館は何を期待されているのか
  83
 3.1.2 博物館の社会的使命と活動 *84*
 3.1.3 実際の博物館活動と，インターネット上の活動 *87*

もくじ

- 3.2 博物館ウェブサイトのURLタイプからみた博物館の情報発信の課題 90
  - 3.2.1 安定した情報発信基盤としてのURL　*91*
  - 3.2.2 URLタイプの分類結果とその傾向　*93*
  - 3.2.3 博物館の組織とURL型　*96*
- 3.3 博物館がもつコンテンツをソーシャルに活用するために 99
  - 3.3.1 学術成果物　*100*
  - 3.3.2 資料情報　*103*
  - 3.3.3 アーカイブ化された博物館活動　*108*
- 3.4 学芸員の発信の重要性 109
  - 3.4.1 学芸員の情報発信の実際　*111*
  - 3.4.2 社会と博物館をつなぐ学芸員のつぶやき　*114*
  - 3.4.3 個人による発信のメリットとリスク　*116*
- 3.5 博物館ユーザによる情報発信 119
- 3.6 広報からコミュニケーション，コミュニティ形成へ 121
  - 3.6.1 マーケティングとSNS　*121*
  - 3.6.2 博物館コミュニティの構造　*123*
  - 3.6.3 博物館コミュニティをつなぐメディア　*127*
- 3.7 博物館と社会をSNSでつなぐために 129
- 3.8 おわりに──バーチャル／リアルなネットワークと活動のコアとしてのユーザ組織 132

4章　モバイルミュージアム構想　　　　　　　（寺田）─139

- 4.1 モバイルミュージアムの基本概念 139
  - 4.1.1 モバイルミュージアムとは　*139*
  - 4.1.2 モバイルミュージアムの特徴　*140*
  - 4.1.3 分散可動型のコレクション保存・活用モデル　*142*
- 4.2 東京赤坂オフィスロビーの事例 144

4.2.1　プロジェクト概要　*145*
　　4.2.2　調査概要　*146*
　　4.2.3　調査結果　*148*
　4.3　東京丸の内地区仮想事例 ──────────────── *159*
　　4.3.1　プロジェクト概要　*159*
　　4.3.2　調査概要　*161*
　　4.3.3　調査結果　*163*
　4.4　モバイルミュージアムとソーシャル・ネットワーキング ──────────────── *169*
　　4.4.1　モバイルミュージアムの社会評価　*169*
　　4.4.2　次世代ミュージアムモデルとしての利点　*171*
　　4.4.3　モバイルミュージアムの未来　*173*

5章　事例研究 ──────────────── *179*

　事例1　PCALi（ピ☆カ☆リ）科学リテラシーパスポート β について ────────(原田・小川)──── *180*
　　A．PCALiの概要　*180*
　　B．利用者と学芸員のメリット　*181*
　　C．各レイヤにおける交流　*184*
　　D．課題　*185*
　　E．SNS機能と利用傾向　*185*

　事例2　MieMu（みえむ）
　　　　── 三重県総合博物館のSNS利用 ────(中村)──── *190*
　　A．MieMu（みえむ）── 三重県総合博物館の概要　*190*
　　B．SNS導入の経緯　*192*
　　C．SNSでつくる「日常の中のミュージアム」　*194*
　　D．MieMuにとってのSNSとは ── ともに創り育む　*197*

もくじ

事例3　ミュージアムのSNS事情
　　　── 青い日記帳 ··(中村)······ *200*
　A. 市民とのネットワーク構築　*201*
　B. SNS　*208*
　C. 主催者との連携　*210*
　D. まとめ　*216*

参考図書案内 ──────────────────── *218*
さくいん ──────────────────────── *223*

1章

ミュージアムとソーシャル・ネットワーキングの進化

1.1 ミュージアムとソーシャル・ネットワーキングの構造

 ミュージアムもソーシャル・ネットワーキングも，主体・客体の関係を媒介する"メディア"であり，同時にそれぞれの存在の背景にある"場"でもある。本章では，メディアとしてのソーシャル・ネットワーキングと，場としてのミュージアムの話から始める。

1.1.1 ソーシャル・ネットワーキングというメディア

(1) コミュニケーション手段の複層化

 文字で残された事象を検証することができるようになる以前の，口承による伝達と継承しかなかった文化を現代の我々が知る精度は格段に粗い。文字の成立は，当時の人々の知覚・精神にとっても決定的な変容を迫る革命だった。マクルーハンは，「〈文字〉のようなメディアの精神内部への内化は，われわれの五感の比率を変化させ，心理作用を変えるであろうか」[1]と聴覚的な環境から視覚的世界への移行によって生じる我々自身の精神の構造の変化を語った。この革命は一夜にして完結したわけではない。地域ごとに進行速度のまだら模様を浮かび上がらせつつ千年単位で進行した緩やかな世

界的変動だったが，現代からみればそこに非連続な質の変化を見て取ることができる。

　文字文化は時間をかけて発展し，複製により同時に多数の他者に伝えられるようになった。西欧では，中世には筆写による手書きの書籍が組織的に生産されるに至った。さらに15世紀のグーテンベルクの活版印刷技術の考案は，社会に決定的な変化を引き起こす要素になった。『印刷革命』である。E. L. アイゼンステインは文化の変容を生み出した広範な普及の状況を「その量は印刷術の出現が本の低廉化，量産化を進める以前の，学生はもとより一流の学者が読まねばならなかった書物，あるいは読むことを希望した書物の量を上回るものだった」[2]と解説している。

　この時代，文化的にはルネサンスと呼ばれる活動，宗教改革，そして近代科学の勃興が互いに影響を及ぼしながら変化が進行した。結果として西欧の歴史は新しい段階を迎える。範囲を西欧に限ったとしても一挙にすべてが切り替わったというものではない。地域や分野に分けて詳細をみれば数世紀にわたるものであるが，結果として迎えた近世・近代は，古代とも中世ともまったく異なる様相を示す。

　さて，20世紀末に始まり現在も進行中といえる情報革命（あるいはIT革命）も同じく革命という言葉が使われている。インターネットやモバイルネットワークは，1世代のうちに世界的に普及が進み，すべての生活の基盤となった。日本では，2012(平成24)年末時点でインターネットの利用者数は9,652万人，人口普及率は79.5％に達している[3]。ユーザのインターネット利用時間に占める主要サイトの滞在時間比率に関する2005(平成17)年1月から2011(平成23)年12月までの調査集計をみると，ソーシャルメディアについては，4.7％から17.3％と約3.7倍に伸びている[4]。2012年5月時点の

調査では，ソーシャルメディア人口の推計値は5,060万人となり，その65%が投稿や書き込みなど何らかの情報発信を行っている[5]。

21世紀に入って急速に普及したソーシャル・ネットワーキング・サービス（Social Networking Service：以下，SNS）により個人にとっての情報の入手・流通の環境は様変わりしてきている。変化は，事前に計画された予定調和ではない。印刷革命のときと同様に，進みゆく方向は語れたとしても，到着地もそこに至る道筋も予測は難しい。

変化は，今後もしばらくは続くだろう。しかし，それが"よりよい未来を築くものか""過去よりも優れているものか"はわからない。印刷革命の時代にも，「十六世紀イタリアにおける盛期ルネサンス文化の開花は，初期の印刷業者，特にヴェンツィアの印刷業者に負うところが大だった」[6]という評価もあれば，「いわゆる科学革命の場合には事情はまったく逆のようである。印刷というメディアをさかんに利用したのは似非科学者，いかさま医師らで，ラテン語を書く本職の科学者の方は，研究論文の印刷出版を差し控える例が少なくなかった」[7]という評価もある。

（2）メディアの仮想化

「ソーシャル・ネットワーキング」「ソーシャルゲーム」「ソーシャル・キャピタル」といった"ソーシャル"を冠した用語が，特別な含意をもって使われ始めたのは21世紀にはいってからである。もともとの"社会的な"という形容以外に，"電子的なネットワークをメディアとして利用した"という方法に関する意味合いが加わっている。また，何らかの既存の権威によるものではなく対等の存在である市民の間で自発的に発生する価値を示す場合が多い。そし

て，インターネットのような誰もが参加できる情報発信技術を用いて社会的関係性を通じて広がっていくように設計されたメディアという意味で「ソーシャル・メディア」という用語も出現した。これは，ティム・オライリーによって提唱された Web 2.0 の概念を具現した一形態と考えられることが多い。「ソーシャル・ネットワーキング」を考えるにあたって無視することができないこの"メディア"について考える。

　ヒトの歴史の中で，触覚・味覚・臭覚・聴覚・視覚という基本的な感覚はメディアによって拡張され変質し，高次化されてきた。文字の出現は口承文化から文字文化のシフトを促し，活版印刷の登場は書写文化から大量複製文化へのシフトを促した。電話やテレビ等の電子的技術は，人間が認知する時間空間の座標系には従来と比べた場合の屈曲と拡縮をもたらした。そして，新たなメディアは旧来のメディアと単純に置き換わるわけではない。複数のメディアを取り込み，組み合わせによって生まれる複層的な構造へと発展する。我々は新しいメディアを吸収し，未知の感覚を獲得してきた。

　インターネットやモバイルネットワークといった新しいメディアには，まだたかだかヒトの 1 世代の歴史しかない。ソーシャル・ネットワーキングに至ってはまだ数年である。しかしそれが引き起こす革命は急速に進行中である。基盤が整備されるとその上に新たなアプリケーションが提案され，市場で生き残ったものは短期間で世界に普及している。我々は日々新しいメディアの利活用を習得しなければならない。変化の行く末が予測も設計もできないのは，活版印刷の出現時と変わらない。しかし，変化に追従するための負荷は，何世代かかけて徐々に新しいメディアに適応することが許された過去の事例とは質的に異なる。親と子，教師と生徒の間で，特定

のメディア経験は共有できない。世代を超えた伝承に関していえば，メディアの利便性が高まったと手放しで肯定的に評価できるとは限らない。

確かなのは，現実世界の道具だったメディアが高次化することで，それ自体の世界＝仮想世界，が出現しつつあることである。かつて，現実世界の貨幣はその記号的価値が物質的に裏づけされていたものが，紙幣や情報システム上の記録へと社会的合意によって仮想化された。その延長上に電子マネーの普及もある。仮想化は，人間の活動を拡張する歴史の中で必然的に発生するものなのかもしれない。

1.1.2 ミュージアムという場

(1) 数と質の関係

コミュニケーションの変化は，ミュージアムにも影響を及ぼす。運営者が何の資料を収集しどのように保存し公開展示するのかといった短期的・実務的な課題への日々の対応を要請されるだけでなく，長期的には社会におけるミュージアムの位置づけにまで影響が及ぶ。

日本の近代的博物館は，明治初期に国によって設立された。明治・大正の時代を経て戦後の昭和20年代には博物館の数は200館程度まで増加していた。1951(昭和26)年の博物館法制定後は一貫して館数は増加してきたが，近年は数の上では安定状態にある。文部科学省による2011(平成23)年度の社会教育調査によると，登録博物館1,262施設，類似施設4,485施設，合計で5,747施設となっている。この間，博物館の目的も社会の変化に合わせて徐々に見直しをされてきた。1990年代に，伊藤寿朗は，目的の変化に注目して

博物館の3つの世代を対比させた[8]。

　　第1世代　保存志向：宝物の保存施設
　　第2世代　公開志向：町のシンボル・コレクションの寄贈，公開
　　第3世代　参加志向：地域社会の要請

　1993(平成5)年当時，この"第3世代"は「期待概念であり，典型となる博物館はまだない」[9]と前置きした上で，部分的な新しい試みの事例が挙げられたが，その20年後の現在，この第3世代と呼びうる取り組みは各地ですでに現実となっている。

　さて，同じ「博物館」という言葉でも，明治初期と現代で数や目的にこれだけの違いがあれば，自ずと社会的な意味は異なる。現在全国には約21,000校の小学校があるので，小学校3.7校あたり博物館が1館施設あるという計算になる。地理的分布は物理的には濃淡はあろうが，博物館も小学校同様，人の生活に寄り添う存在であり，全国で身近にあまねく存在する施設になっている。すでに飽和状態であるともいってよいだろう。また，文部科学省の社会教育調査の結果では2010(平成22)年度1年間の利用者数は，登録博物館，類似施設ともに，前回調査（2007年度）よりも減少している。すでに総人口は減少に転じており，これまでの延長線上で考えれば施設数，利用者数ともに今後は漸減していくと考えてよかろう。

　さて，個々のミュージアムの運営に目を向けると，明治初期以来の歴史の中で，基本的なフォーマットが確立され維持されてきた。学芸員・研究員という専門的な職員が主導し，社会・人文・科学の多様性の海の中から資料を取捨選別し，固定的な施設に収集・保管し，研究・展示・教育に役立てる，という仕立てである。ミュージアムについての議論では，この前提から話が始まることが当たり前となっている。図1-1に，単独のミュージアムに着目した構造を

1章　ミュージアムとソーシャル・ネットワーキングの進化

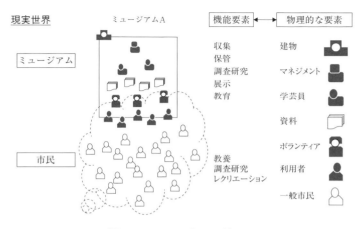

図1-1　1つのミュージアム

示す。上部の長方形は物理的な建物・施設を象徴とする定義された組織・体制，下部の雲型は明確な構造をもたない市民の集団を表している。組織のマネジメント，学芸員のような職員，ボランティア，収集・保管された資料，利用者，が一つのミュージアムの活動を構成している。明示されなくても，博物館を利用しない市民も，例えば納税も含めれば大多数の市民も間接的には関係をもっている。

(2) ミュージアムのネットワーク

一方，「ソーシャル・ネットワーキング」は社会での横断的なネットワーク構造の形成であり，現代においては諸領域の構造に変化を及ぼすものであろう。個々のミュージアムの構造変化と並行して，横断のネットワークに構造にも変化が生じている。ミュージアムの領域内の要素が増えれば要素間のコミュニケーションの機会も増す。それによって実際のコミュニケーションの密度が増せば，さま

17

ざまな横のつながりも生まれやすくなってくる。

　基本要素であるミュージアムの増加に伴って形成された横断的組織としては，1928(昭和3)年発足の「博物館事業促進会」が挙げられる。戦後の1953(昭和28)年には，第1回の全国博物館大会が開催され，関係者が一堂に会しコミュニケーションを行う機会が整った。1986(昭和61)年には財団法人，現在は公益財団法人日本博物館協会となり，博物館組織を中心に千団体以上が会員となっている。この基盤の上で，さらに同じ領域や地域の博物館同士の交流活動が発展してきた。20世紀末までの状況を理解するには，博物館相互の連携・協力の実態調査結果を日本博物館協会が1999(平和11)年にまとめた『博物館白書　平成11年度版』が参考になる。鷹野光行は，この結果を用い博物館相互の連携・協力の実態と課題を地域と館種別の観点で分析した[10]。インターネットやモバイル・ネットワークが広く一般に普及した現在では，それらの活動状況をネット上で追うことも可能である。

　都道府県レベルの地域単位では，全国各地で県立の博物館や美術館が事務局となってミュージアム横断の組織が形成されている。山形県博物館連絡協議会（1980(昭和55)年発足），群馬県博物館連絡協議会（1984(昭和59)年発足），埼玉県博物館連絡協議会（1974(昭和49)年発足），東京都三多摩公立博物館協議会（1978(昭和53)年発足），静岡県博物館協会（1969(昭和44)年発足），滋賀県博物館協議会（1982(昭和57)年に再発足），岡山県博物館協議会（1988(昭和63)年結成），徳島県博物館協議会（1996(平成8)年設立），沖縄県博物館協会（1977(昭和52)年結成）等の例では，連絡組織独自のウェブサイトも立ち上げられ横断的な活動報告もなされている。また，市レベルの例として，京都市内博物館施設連絡協議会（1992(平成4)

年設立）もある。事務局は京都市教育委員会事務局の生涯学習部内に置かれており加盟施設数が200館を超える大規模な博物館ネットワークであり。

　館種ごとの横断組織も，2012(平成24)年に東日本大震災を契機に最も館数が多い歴史民俗系で全国歴史民俗系博物館協議会が設立されたことで，体制が揃った。美術系，科学系には複数が存在する。

- 美術系では，全国美術館会議が1952(昭和27)年に設立され会員は363館（2014年4月1日現在）。1982(昭和57)年に設立され美術館連絡協議会（通称：美連協）の加盟館は140館（2013年10月時点）。
- 科学系には，全国科学博物館協議会（略称：全科協）があり，正会員数が222（2014年4月1日時点）。1993(平成5)年設立の全国科学館連携協議会（通称：連携協）では，180の施設が加盟館リストに掲載（2014年5月確認）。
- 動物園・水族館では，日本動物園水族館協会（通称：JAZA）が組織され，正会員151施設で構成。
- 2012(平成24)年6月に全国歴史民俗系博物館協議会の設立集会（第1回総会）には660館が参加。加盟館リストには，683件が掲載（2014年5月27日確認）。

　それぞれ定期的に会合をもち，共通課題をテーマとした研究会等も行っている。また，地域ブロックの活動を行っている組織もある。施設間の組織的なつながりからは，館長や学芸員という個人のネットワークも涵養されてきた。さらに，各ミュージアムの関係者は課題を共有し，研究会やワーキンググループなどさらに具体的な個別活動のマトリクスを形成している。保存，展示，教育といった細分化された特定の業務ごとのマトリクスも発生している（図1-2）。

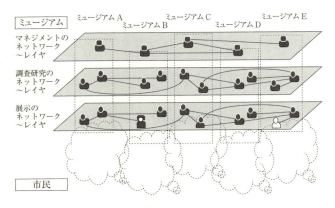

図1-2　組織を基盤としたレイヤ

（3）ミュージアムのマトリクス

　ここまでに紹介したミュージアムのネットワークは，各施設の共通の要素のつながりの構造（図1-2）である。一つの層をなしているとみなして"レイヤ"と呼んでよいかもしれない。しかし，このような基盤となって新たな価値を生み出す横断的なつながりの一つひとつを，この後本書ではより一般化して"マトリクス(matrix)"と呼ぶことにする。ネットワークの要素の間に何かしらの関係があり，そのつながりの集積に意味が付与される部分構造全般を指し示す。マトリクスを構成するのはミュージアムの施設，人，資料等ミュージアムに関係する要素である。これらの多様な要素のつながりが引き起こす変動を背景に"ミュージアムとソーシャル・ネットワーキング"の議論を進めていく上で特別に定義した用語の導入が必要だと考えた。

　"レイヤ (layer, 層)"という言葉は，IT (Information Technology)の領域での頻繁に使われる。コンピュータでいえば，基盤としての

ハードウェアがあり，その上にソフトウェアが搭載される。ソフトウェアのレイヤの中はさらに，オペレーティングシステム（OS），データベースや通信といった特定の領域をサポートするミドルウェア，具体的な仕事を行うアプリケーションの基盤となる開発・実行環境，そして個々の適用業務アプリケーション，といったレイヤが識別できる。各レイヤには，同じ機能を提供するが具体的な実体が複数の存在している。そして，各レイヤの定義とレイヤ間の関係の上下関係とインターフェースが決まっている。これらの定義や取り決めは，IT の進化と並行してつくられ，効率のよいプラットフォームになっている。インターネットや SNS もその構造の中で発展をしてきた。

　一方で，IT の中でも特に技術に関連づけて語られる場合，"レイヤ"という言葉は階層構造を前提としその固定的な一部を指し示す。これは，過去の歴史の中での標準化の結果であり，あくまでもある領域のある時代での発現状態である。本書で導入したマトリクスの概念は，レイヤも含むより広範で柔軟なものである。広がりの大小や，マトリクス間の厳密な関係定義などは前提とはせず，それぞれに独立性があるものとして用いる。

　また，マトリクスの対象はミュージアムやそのスタッフだけではない。一般の市民が参加する団体やミュージアム以外の研究者なども参加する学会等でネットワークが形成されている。

　新しいタイプのマトリクスの事例を 2 つ挙げる。1 つは，公益財団法人かながわ国際交流財団等が主催者となって 2004（平成 16）年から 2016（平成 28）年で隔年で開催された 21 世紀ミュージアム・サミットである。回を重ねるとともにテーマも集まる人も変わってきている。「100 人で語るミュージアムの未来 II 〜人々をつなぐミュー

ジアム〜」をテーマに開催された2012(平成24)年の第5回では，さまざまな館種のミュージアム以外にも自治体・図書館・文書館から一般市民までが集う場となった。そしてさまざまな立場の人によって，「マネジメント」「リテラシー」「アーカイブズ」「パブリック・リレーション」の4つの課題について横断的な話し合いが行われ，既存のつながりを超えた新たなネットワークに期待する声も聞かれた[11]。

　もう1つの事例は，2010(平成22)年に活動が始まった小規模ミュージアムネットワークである。長い歴史をもつ既存の横断活動は，発足の経緯上，国立の館や歴史のある館等比較的規模が大きいミュージアムが事務局等となって維持・継続されてきた。全国から人を集める催しも，大都市が中心である。その場合，地域の小規模な博物館の課題を視野に入れるのは簡単ではない。比較的規模の小さいミュージアムならではの課題を互いに共感できる者同士の交流から始め，互助と支援を発展させていくためにネットワークが自主的に形成された。2014(平成26)年3月には，第5回の「小さいとこサミット」が兵庫県篠山市の「篠山チルドレンズミュージアム」で開催された。

　伝統的なマトリクスでは，コミュニケーションの維持と継続のためには専任の事務局機能や運営のための会費の負担などが必要だった。定期的な会議の招集や会報の編集・印刷・郵送には，一定レベルの労力とコストが不可欠である。しかし，インターネットやSNSの普及により，コミュニケーションのコストを大幅に抑えることが可能になった。会報などの情報伝達のみならず会議の代替装置としてグループメールやSNS等を使った議論が可能になった。結果として，運営のコストの閾値が下がり，固定的な組織に依存せ

ず，会費等も集めることなしに個人がボランタリーに事務局を務めるといった運営が容易になっている。

（4）コミュニケーションの"場"としてのミュージアム

　21世紀に入り，各地の歴史博物館，郷土博物館を訪れるとその展示に過去にはなかった新しい典型が加わってきている。いわゆる"昭和30年代展示"と呼ばれるものである。従来の郷土博物館の展示の一部として展開される以外に，家1軒が再現された東京都大田区の「昭和のくらし博物館」や，一街区が再現された同小金井市の「江戸東京たてもの園」のようなものもある。博物館のテーマを昭和という時代に絞り込んだ北名古屋市の昭和日常博物館（正式には北名古屋市歴史民俗資料館）は，もともとは名古屋市郊外の農村だった地域の博物館である。高度成長期に急速に宅地化され，不要になった農機具や，全国にいきわたった大量生産品の粗大ごみがだされる事態となった。このゴミを資源と考えて収集したものである。その後，全国で同様の展示が出現することになったのは，地域の変遷という出来事自体が各地で共通にみられたからだろう。

　浅羽通明は「実のところ，昭和三十年代をはじめとする数十年まえの都市風景，生活を彩る家具や雑貨や食品，殊におもちゃや駄菓子などのディティール，当時，親しまれた流行歌やマンガやTV番組，映画，本など大衆文化の数々をさまざまなかたちで懐古するのは，もう十年以来続く，静かなブームなのです」[12]とし，2002（平成14）年をブームの中でも画期をなす年とした。そして，2005（平成17）年に大ヒットした映画『ALLWAYS　三丁目の夕陽』によって昭和ブームは新たな文化のカテゴリーとして定着したと考えられる。ミュージアムに限らず，エンターテイメントの領域でもテーマ

パークとして消費されるコモディティとなった。今では，多くの歴史・郷土博物館に，昭和の3種の神器と呼ばれた家電製品やミゼットやスバルの大衆車が，まだ居心地が定まらぬままに，しかし石器や甲冑と同じように標準アイテムのように展示されている。個々の館でこの時代の資料を収集し展示するという判断は独立になされたものであろうが，そこには横断する共通性が存在した。ミュージアムにひとつの新たなカテゴリーが発生したことになる。

このような施設で"再現された昭和"は，歴史的な事実の保存や研究とばかりはいえない。二次的な創作物によって，時代の本質まで再創作された可能性もあり，注意を喚起する論説もだされている。本章では，その学術的な価値の云々についてはひとまずおき，新しいコンテンツのカテゴリーが生まれ，全国各地のローカルな事情は加味されるものの幅広い体験の共有が可能になったことに注目する。一定年齢以上の市民にとって直接体験したことのミュージアム化であるが，特筆すべきは，この時代を直接は体験していない世代にとっても何かしら懐かしいコンテンツとして吸収されていることである。家族や職場という直接的な関係を介し，疑似体験可能な範囲にはいっているのかもしれない。昭和30年代という対象を媒介に，さまざまな年代の市民の間で，新しいモードのコミュニケーションが発生するということに注目したい。

歴史に関する展示となれば，ある程度の解釈の確立を待たざるをえない。結果として，現代を生きるすべての世代にとって直接は体験していない時代が対象となる。自ずと，十年一律で変化がないと揶揄されることも起きる。そのような従来の対象に比べて，昭和30年代以降の展示の見学は根本的に異なるミュージアム体験となる。自らの体験を起点とし，同時代を共有する上下の世代との体験

の違いにも気づける。人によって理解・解釈・意見が食い違うこともあろうが，そこに対話や議論が生まれる。見学者同士のコミュニケーションを促す可能性が生じるのである。過去において，議論を巻き起こす可能性を帯びた歴史的事象の展示が意識的に避けられたこともあったろう。昭和30年代展示はいくつかの条件に恵まれているのかもしれない。このような身近な歴史がミュージアムに加わることでコミュニケーションの場としてのミュージアムの価値を市民が実体験する機会にもなっている。

（5）サードプレイス

　さて，昭和30年代の代表的な展示のひとつが，丸型の卓袱台(ちゃぶだい)を中心とした畳敷きのお茶の間の再現である。一方，典型的な職場の展示はみあたらない。1960(昭和35)年の，産業（3部門）別15歳以上就業者数に関する国勢調査の結果によれば，第1次32.7％，第2次29.1％，第3次38.2％である。産業のシフトが進行中時代であり，誰もが共感できる典型的な職場という設定は難しい。

　日本の産業・就業と生活の基盤の変遷による社会構造の変化と，交通や通信の効率の発達によるコミュニケーション方法の変化があいまって，"場"にも不連続な変化が生じてきた。農業や自営業者の減少によって，居住と職場（就業の場）が分離されてきた。特に大きな比率をもつにいたった都市生活者の生活は，第1の場・家と仕事や学校などある程度の義務的な制約の中で同じ集団が定期的に集まる第2の場の往復移動が基本的なサイクルになっている。

　この生活リズムの中で近年注目されているのが，第1の場と第2の場の中間にある第3の場（サードプレイス）という概念である。米国における都市の発展に付随する"場"の問題を分析したレイ・

オルデンバーグは，地域社会の生活の質の向上のために「コミュニティの核になる「とびきり居心地よい場所」としてのサードプレイスの重要性を主張し「そんな環境にふさわしい形容は「気軽な（カジュアルな，と併記）」。偶然（アクシデント，と併記）と非公式（インフォーマリティ，と併記）の要素が，そこに色濃くあるからだ」[13]と解説している。サードプレイスは，誰もがリラックスして自由に集まれる場である。日本にあてはめてみる場合，すぐに思い浮かぶのはカフェ，書店，映画館などの民間の商業施設だろう。例えば，米国生まれのコーヒーハウスとして創業精神において積極的に第3の場をつくると宣言したスターバックス社は，日本でも2013（平成25）年3月31日時点で全国に985店舗を構えている。個人で，あるいは会話を楽しみながら時間を過ごせる現実世界だけでなく，無線LAN接続も提供され，ブログやSNSを情報の発信と顧客とのコミュニケーションに活用されている。

　さて，日本の近代的なミュージアムの歴史を明治初期の国立の博物館設置とするのであれば，博物館は第2の場所として始まったといえよう。戦後の博物館法制定に続く公立博物館の設立ブームも同じことである。特別なときに訪問する場所であり，日々の生活の中でサードプレイスとして活用してもらうことは設計の想定にはなかったに違いない。ただし，個人や企業のコレクションを母体に発生した私立の博物館の場合，その維持のためにリピート利用喚起は早くから意識されていたかもしれない。いずれにせよ，多くの施設が，市民との協同をうたい，権威よりもコミュニティの価値に軸足をシフトしてきた。ミュージアムが個々の市民の生活の中で実際にどれだけ利用されているかについては，総務省の「文化に関する世論調査」（平成21年11月調査）が参考になる。その結果によれば，

調査対象者の内，過去1年間で美術館・博物館に6回以上行っている市民が3.9％いる。この層には，ミュージアムを日常の中でのサードプレイスとして活用している可能性がある。ただし，この調査では，実際の訪問先ミュージアムがどこなのかまでは収集しておらず，同じ特定のミュージアムへの繰り返し訪問なのか，毎回違うミュージアムに訪れているのかまではわからない。

　サードプレイスとしての利便性を高めるため，特定のミュージアムの繰り返し利用を後押しする仕組みとしては，例えば定額で1年の間自由に利用できる「友の会」「パスポート」「年間パス」を提供している施設がある。また，カフェやティールーム等のサードプレイスの併設も間接的な効果を生み出すだろう。また，複数のミュージアムの訪問を促す仕組み例としては，都内の美術館や博物館などの入場券や割引券がチケットブックとなった「ぐるっとパス」が2003（平成15）年度以来毎年発行されている。

　サードプレイスとしての質にかかわる見学・鑑賞の方法についても，ギャラリートークやワークショップ等をはじめとして，訪問者同士の対話を喚起する活動も積極的に取り組まれている。近年では，施設が写真撮影を許し，訪問者が写した写真をSNSで共有し結果としてミュージアムの広報に貢献している例もある。

　なお，日本では，博物館は法的には社会教育のための施設である。その目的はサードプレイスの概念とも重なっている。文部科学省の2011（平成23）年度社会教育調査によると，博物館および博物館類似施設5,747施設以外にも，全国には公民館15,399施設，図書館3,274施設，青少年教育施設1,048施設があり，それぞれの施設が利用者を集めている。施設数の単純合計は小学校の数を上回り，配置の密度はかなり高い。また，ミュージアムの社会的価値が他の種類の施

設との連携によって高められる事例もでてくるに違いない。

1.1.3 メディアによる断片化と場における再構成

　ミュージアムとソーシャル・ネットワーキングの組み合わせが引き起こす変化はどのようなものだろうか。

（1）情報と人の断片化

　書籍（数百ページ）や映画（2時間前後）は，情報の送り手が意図した文脈をそのまま受容することがなかば強制されており，受け手はその順番を踏襲して意図を引き出すことを期待されている。実際，連続した内容に沿って受信して初めて全体像がわかる形式であり，関心のある部分を任意の順番で受信することは難しい。受容できるコンテンツの量は自ずと限られてくる。実際にひととおり受信し理解しない限りは価値ある部分を引き出すことができないという仕立てである。情報の意味を引き出すにはまず全体を受容しなければならない。個人の咀嚼・分解はそのあとになる。

　一方，ブログやSNSで受発信される情報の単位はより短いものが大多数である。時間的な発信の順番はもちろん存在するものの，どこからどこまでをどういう順で受信するかは受け手に委ねられる。キーワードの検索や他のウェブページからのリンクによって関心ある部分に直接到達することが容易である。我々がアクセスできる情報の断片は可能性としては膨大な数へと拡張した。もし理想通りに意図する断片を次々と獲得できるのであればきわめて高い効率で情報を入手・編集できるようになるように思える。

　しかし，コンテンツの断片化の結果として，我々のコミュニケーションまでも断片化されることへの懸念もでてきている。当初は

ネットの利用による量的な面での圧倒的な効率向上に目を奪われても，質の向上に結び付いているかどうか不安に感じる時期がやってくる。ニコラス・G・カーが「ネットは注意を惹きつけるが，結局はそれを分散させる。われわれはメディアそのもの，すなわち，点滅するスクリーンには強く集中する。けれども，そのメディアから速射砲のように発射される，競合する情報や刺激のせいで，注意は結局散らされる」[14]と嘆いたように，我々は，活用しえない断片の山に押しつぶされてしまうかもしれない。

　さて，情報利用の断片化はネットを利用する上で生じる避けることのできない傾向なのだろうか。1995（平成7）年頃に始まった日本における一般市民のインターネット利用は，現在では家庭でのブロードバンド接続の普及やモバイルネットワークの充実によって市民の大半に行き渡った。利用方法も，初期の"ホームページ作成・参照，電子メール利用"の段階から，平成17（2005）年頃から"ブログ，SNSの日常的利用"の段階に進んだ。この段階では，市民は皆，能動的な表現者ともなりうる。新しい世界観を示す言葉として「Web 2.0」という流行語も生まれた。転換の端緒となったブログ利用の急速な拡大のあと，mixi，Twitter，Facebookといったサービスが，次々と数千万人規模の利用者を獲得していった。これは，市民がそれまで属していた既存の組織・体制から，仮想社会において自由を獲得する過程と評価することもできる。昭和の高度成長の急速な都市化にとって，地域社会の束縛を離れて自由な都市に大量に人が移動した現実社会の歴史を思い起こすと，自由の獲得によって生じた諸課題のことも考えなければならない。

　ソーシャル・ネットワーキングの方法を一変させたインターネットは，通信の効率を上げるためにパケット通信という方式を用いて

いる。一連の並びに意味のある情報を，意味をもたない物理的な単位にばらばらに断片化して送信し，受信したあとに元の形に戻すという方式である。この過程をコンピュータが実現している。その基盤の上で，我々は膨大な情報にアクセスできるようになり，その中から自分にとって意味をもつ情報をやりとりするために送受信において意味が通るサイズに情報を断片化している。この利用法は人間が選んでいる。もちろん，人間はコンピュータよりももっと複雑な処理を行うことが可能である。断片の山に押しつぶされて簡単に終わる存在ではない。膨大な数の断片をかみ砕いて意味のあるマトリクスを再構成する能力ももっているのだ。しかし，再構成する能力が断片化のスピードに見合うかどうか保証はされていない。

(2) マトリクスの再構成

既存の定義された構造によらない幅広い横断的活動が広がり，その基盤上で生起するさらに別のつながりを示すために，すでに"マトリクス"という言葉を導入した。"マトリクス"は，もともとの構造体のレイヤから分離した断片の再構成である。

ミュージアムが収集・保管しているのは大量の断片である。そして，世の中のすべてを収集するわけにはいかない以上は，もとよりコレクションの収集時点で何らかの文脈がフィルターとして存在している。さらに断片の集積から意味のあるコンテキストを抽出するのが研究であり展示であろう。要素の間には関係が存在する。ある資料はあるミュージアムによって保管・展示され，それを市民が見学する。対象物は，文章として記述できるシナリオにおいて主語になったり目的語になったりする。すべての対象物は他の対象物との間で何らかの関係をもっている。ミュージアムという仕組みは，多

様性をもった断片を再構成する社会の試みともいえる。

　そして，断片化の課題は資料だけに限定されるものではない。ミュージアム自身，関係機関・団体などの組織，スタッフ・ボランティア・来訪者・一般の市民という人たちも構造を生み出す要素である。時代の要請にあわせて古い構造が分解され断片化し，新たなマトリクスとして再構成される。ミュージアムと同様に長い歴史をもつ大学や図書館にも起きている変化である。我々人類は，これら複数のシステムをつくり進化させてきた。現在進行中の新しい段階の断片化に対応した再構成を担えるよう，そのような既存のシステムは進化しなければならない。進化の道筋から独立して孤高の存在として固定化されて生き残ることなどありえない。ミュージアムだけに焦点を絞り，あるいはミュージアムを中心として社会を眺めていては，社会的に維持する価値のある仕組みとして支持はされない。

　本書で焦点をあてるのは，複数のミュージアムを横断して構成される高次のマトリクスである。ミュージアムの数が増え，交通・通信の利便性が高まってくると，ミュージアム横断の仕組みが徐々に形成されていく。

（3）　新しいマトリクス

　これまで例を挙げてきたミュージアムに関係したマトリクスでは，ミュージアムが主体となるものを紹介した。新しいタイプのマトリクスの中には直接はミュージアムやそのスタッフが参加しないマトリクスもありうることにも目を向けたい。

　かつては個人ごとにそれぞれのペースで順路通りに進んでいくのがミュージアムでの一般的な見学・鑑賞方法だった。来館したとし

ても，静粛が推奨される館内では話をするわけにもいかず，結果として個人ごとに分かれて（断片化されて）博物館を見学することになった。しかし最近では，個人や家族へのボランティアの案内者の付添，参加者同士の話し合いも勧められながら鑑賞をするギャラリートークセッション，学校の先生が引率してきた生徒と一緒にミュージアムを利用するプログラム等もある。あるいはミュージアムでの経験をネット上で書き込み共有することで，物理的にミュージアムを訪問するという制約からも離れ，時間の制約からも自由な情報交換も行われるようになってきた。新しいメディアがひとつのインフラストラクチャーのマトリクスとして加わり，その上にさまざまなコミュニケーションのマトリクスが出現してきている。

　社会の中で人が何らかの関係を結ぶということは，地縁など既存の潜在的な関係が存在しうる機会に対面で会うことが大きな意味をもつ。人と人との関係だけではない。ミュージアムと人が関係をもつということは，そこを訪れて利用するということを意味した。

　一方，現実世界には物理的な制約がある。ミュージアムにアクセスするための時間・距離は，直接対面の可能性を限定する。開館日・時間や入館料も制約になる。ミュージアムや展覧会の存在を知り関心をいだくという前段階でも，ポスターやチラシといった広報媒体も制約がある。それらの媒体の掲示・配布が最も充実しているのはまさにミュージアムの中であるという自己参照的状況を考えると，ミュージアムという空間を取り囲む障壁は決して低くはない。

　しかし，我々はもう一つの空間を手に入れた。ネットによってつくられる仮想世界は，その物理的制約の一部を緩和し，閾値を下げることを可能とする。ネットという新たな環境を掛け算することで違うものが生まれる可能性が高まったのである。物理的には，提供

者(個々の物施設や資料・スタッフ)と,受益者(市民),の間には明確な境界がある。しかし,仮想的には,同一平面に投影し反応させることが可能である。物理的な素材をどこまで仮想化し拡張できるか,ということは文化の発展を示すひとつの指標でもあろう。

そして,この仮想世界で進化した構造の一つがソーシャル・ネットワーキングである。図1-3で示すように,ネット普及の第1段階では,仮想世界の中に現実世界のマトリクスに対応したマトリクスが出現した。公式ウェブページやメールマガジンによる広報は,現実世界の一部機能の置き換えだった。しかし,Web2.0とも呼ばれる段階では,仮想世界の第1段階のマトリクスの要素が分解され新たなマトリクスが再構成される。市民からの発信とその拡散が容易になった結果として,断片化も再構成も可能性が大幅に高まった。コミュニケーションコストの低下は,それ以前にはなかったつ

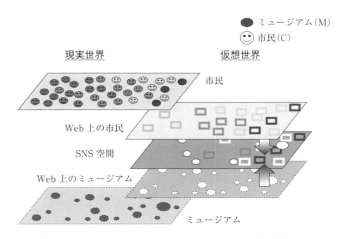

図1-3 ネット／ソーシャル・ネットワーキングによる分解と再構成

ながりを生み出し、その関係を維持することが可能になった。

　新しい仕組みは、コストの構造を変える。その結果、多種多様なテーマ別のマトリクスが出現してきているのである。また、1つの要素はマトリクスに属しているわけではなく、図1-4のように複数のマトリクスに同時に存在可能である。

　次の節では、現実世界と仮想世界にまたがって出現した多重のマトリクスを具体的に読み取っていくための観点について考える。

1.2　"ミュージアム"×"ソーシャル・ネットワーキング"× X

　歴史の中で社会的地位を確立したミュージアムと、急速な普及に支えられて一躍社会の基盤インフラとして新たな展開が注目されて

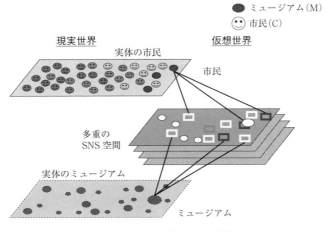

図1-4　多重のSNS空間

いるソーシャル・ネットワーキング。それぞれの変化が相乗的に組み合わされるときに，それを見る視点自体がさらなる相乗効果を生み出すのではないかと筆者は考える。それを以下のように示そう。

　　ミュージアム × ソーシャル・ネットワーキング × 視点 X

　視点 X を示すキーワードとして，「アーキテクチャ」「民主主義」「世代」「文化・集合知・創作」「支援」の 5 つを選び，一つひとつ検討を進めていく。

■**アーキテクチャ**　　情報の内容はもちろん大切である。同時にコミュニケーションの方法・作法の一定の取り決めも情報伝達の質を左右する。ミュージアムもソーシャル・ネットワーキングも我々を取り巻く情報環境と捉えることができる。この環境は人が設計したものである。その環境の設計をアーキテクチャと呼ぶことにする。

　インターネット上ではさまざまなサービスが次々と開発され数年単位で栄枯盛衰を繰り返しており，さまざまなアーキテクチャをもっている。ミュージアムにおける情報伝達の設計も速度は遅いものの少しずつ変わってきた。方法と質との間の可能性を検討し，単純な先入観にとらわれた判断から逃れたいものである。

■**民主主義**　　日本の戦後において，博物館は民主主義の推進装置として位置づけられた。民主主義を確立するための幹の一つだった教育基本法，その各論としての学校教育法とともに制定された社会教育法。博物館法はその基盤の上にある。

　もちろん，その理念と現実には常に段差があり続けている。民主主義はいまだ到達しえていない遠い理想に過ぎないのかもしれない。一方，ソーシャル・ネットワーキングの上に成立するコミュニケーションによって，以前は暗黙の了解として想定されていた社会

のコミュニケーション状況に大きな変動が生じ，例えば「直接民主主義」の技術的制約は格段に低くなっているようにもみえる。ミュージアムの存在にも影響があるのは当然である。

■世代　科学系博物館では小学生，現代美術館では20代の若者，美術館では壮年期，歴史系博物館では老年期，といったように，館の種類等によっての訪問者の世代に偏りがあると筆者は感じている。

ネット上で形成されるコミュニケーションにも同じように世代の偏りがある。SNSの種類や，コミュニティによって中心となるユーザのプロフィールが異なる。

ミュージアム，ソーシャル・ネットワーキングのそれぞれに世代の偏りがあるとすれば，その2つが交差する領域においてどのような世代構造が生まれるのだろうか。

■文化・集合知・創作　特定少数の創作者がつくったものを大多数が受容するRO（Read Only）文化もあれば，すべての参加者が創造も受容も並行して行うRW（Read Write）文化もある。ウェブの利用が普及し第2段階の利用形態として言及された言葉には，Web2.0，CGM（Consumer Generated Media）等があり，いずれもRW文化の出現に焦点があてられている。すべての市民がコンテンツのつくり手側にも立ちうる。この現象は，ミュージアムにもあてはまる。「参加型」というキーワードで表されるさまざまな形態の試みを見かけることは珍しくない。ミュージアム，ソーシャル・ネットワーキングの両方で生じているこの変化はどう関係をもっていくのであろうか。

知を議論するとき，著作権などの知的財産権の議論も避けては通れない。ただし，権利に関するアイデアは，ある時代状況の中で創

出されたものであり天与のものではない。創造と利用のバランスをどのようにとっていくのかにただ一つの正解があるわけではない。先人の成果を自由に再利用することによって育った創作活動もあれば，厳格な権利の定義と維持によって活性化したものもあるだろう。

その考えに寄り添って，ミュージアムと従来の枠組みの窮屈さの中でもだえるネット上の多様な創作作業とは，どのように折り合っていくのか。あるいは，まったく新しい枠組みを創り出すのか。

■**支援**　どのような経営形態であっても，ミュージアムを維持・運営するには，公的機関や企業等による何らかの支えが必要になる。しかし，原資となる税収も収益も大幅に増加していくことはしばらくは見込めない。社会保障費の自然増を考慮に入れれば，文化・教育に振り向けられる資源配分に向けられる目は厳しくなっていく。

一方，別の動きとしては比較的少額の寄附を多数の市民から短期間で集めるクラウドファンディングの仕組み等も徐々に浸透してきている。ミュージアム，ソーシャル・ネットワーキングで「お金」の動きはどのように変わっていくのだろうか。

筆者が提起したいくつかのXが，読者自身の視点を磨くための砥石になれば幸いである。5つの砥石は相互に重なりをもっている。読者が自らの関心に親和性のあるキーワードを選んでほしい。さらに読者自身で他のさまざまな砥石を想起してほしい。

1.2.1　X＝アーキテクチャ

法学者であるローレンス・レッシグは，人間の行動を制約する条

件として，法，社会の規範，市場，アーキテクチャを挙げた。そして，アーキテクチャが強いる制約がより物理的・技術的なものであるがゆえに我々がその存在を意識しづらいことを「あまりに多くの人が，アーキテクチャのちがいが価値観のちがいを内包していて，自分たちの価値観を確立して推進するには，そういう各種アーキテクチャ ── つまり各種コード ── の中から選択しなければならないことを見逃している」[15]と指摘している。しかし，我々の生活を技術的な情報環境が左右する現代のネットの時代においてその位置づけは確実に高まっている。

濱野智史は，2000(平成12)年以降にインターネット上に出現した各種のウェブサービスを「ネット上のウェブサービスもまた，情報技術(IT)によって設計・構築された，人々の行動を制御する「アーキテクチャ」とみなすことができます」[16]とし，分析を行った。この中では，動画共有サービスの一例として日本独自の進化を遂げているニコニコ動画が取り上げられている。

このサービスは動画の再生画面上にユーザがコメントをつけることができる点が特徴である。リアルタイムに複数のユーザが書き込みをすることで生じるライブによってユーザ同士のコミュニケーションが成立する。しかし，実際の書き込みには時間差があり，必ずしも同期しているわけではない。一定の決められた時間推移を伴う動画を視聴しうるタイミングで書き込みを行うというこのサービスのアーキテクチャによって，結果として仮想世界における同時体験の錯覚ともいえる新しいコミュニケーションが生じる。

仮想世界で設計されたコミュニケーションのアーキテクチャを現実世界のミュージアムにフィードバックして実現する試みがある。2012(平成24)年3月10日から6月11日にかけて日本科学未来館

1章　ミュージアムとソーシャル・ネットワーキングの進化

で開催された企画展「世界の終りのものがたり～もはや逃れられない73の問い」と2012年11月10日から11日にかけて科学の祭典，サイエンスアゴラで展示された企画展「世界の終りのものがたり」エピローグでは，対話を生み出すための仕掛けとして来館者が問いに対して会場やウェブ経由で考えや思いを入力させた。電子的な方法以外に，用意された付箋に書き込むという方法も提供されており，企画者はこの仕掛けがTwitterと共通性が高いと考え「紙版Twitter」と呼んでいる。その展示の場の文脈を，異なる時間に体験した者同士の間のコミュニケーションが発生しているという点では，前述のニコニコ動画の事例と共通している。

21世紀に入った今，現実世界のミュージアムと仮想世界の組み合わせによって，例えば次のようなアーキテクチャが実現されている。

- ミュージアムとは関係のないことがきっかけで，多くの友人・知人とSNSでつながる（仮想世界）。
- SNS上で，展示作品の一つに焦点を絞った知人Aの投稿を読み「私も見てみたい」とコメントする。
- そのコメントに知人Bが「一緒に行こう」というコメントを書き加える。
- SNSで呼びかけて集まった知人B, C, Dとミュージアムに訪問しておしゃべりをしながら見学・鑑賞する（現実世界）。
- 会場の雰囲気を写真撮影して，その場でSNSに投稿する（現実世界 → 仮想世界）。
- その投稿をさらに別の友人E, F, Gが見る（仮想世界）。
- 以上のサイクルが主体を変えて繰り返され，増幅していく。

新アーキテクチャでは従来の判断基準に照らすと問題と感じるこ

とも出てくる。例えば，ミュージアムが仮想世界を取り込んだ新アーキテクチャを作り出す可能性の中で，個人のプライバシーや匿名性と関係の承認についての設計は重要な問題のひとつである。

世界で利用者が数億人以上になっている SNS に，Twitter, Facebook がある。日本でも mixi の利用者は一時期数千万人の単位に達した。それぞれのアーキテクチャの基本的な設計思想には考え方の差がある。匿名での発言が主である mixi に対し，Facebook は，原則となる理念としては実名主義をとっている。プロフィールに登録された写真もサービスごとに様子が違う。識別のための画像が何かしら選ばれている Twitter，本人が識別できる写真が多い Facebook。また，記事作成者の了解を得ずに継続して参照のためのフォローができる Twitter と，「友達」として双方が了解した関係において相互の記事参照が行われる Facebook。参照した書き込みに対する意思表示が，「フォロー」である Twitter と，「いいね!」の Facebook。関心があることと受け流すこと，賛同の方向の表明と隠ぺい。用意された選択肢（アーキテクチャー）にコミュニケーションが制約を受ける。

このような"仕立て"の違いによって，そのマトリクスの上で成立するコミュニケーションも違ったものになる。実際，双方を利用している人の中には，同じような内容の発信を媒介に形成される人のネットワークとコメントのやりとりのパターンがまったく異なることに気づいている人も多かろう。そして，ネット上でのコミュニケーションの利便性によって，現実世界でのプライバシーや匿名性の問題も増幅されて「炎上」や「いじめ」等の新たな問題が発生している。前述した「20世紀のアーキテクチャ」では，ミュージアムの利用者同士のコミュニケーションは限られており，しかも匿名

性が高かったが,「21世紀」の例では,仮想世界の問題が現実世界にも飛び火してこないとは限らない。

口承,文字,印刷,電話や電信等の電気通信の時代を経て,インターネットや携帯電話網のネットワークが加わってきた。それぞれのインフラの上で,コミュニケーションの作法が自然に進化していくが,元となるアーキテクチャに技術的にも精神的にも強い制約を受けながら進化していく。そして制約は創造の原動力でもある。ミュージアムとソーシャル・ネットワーキングの新しいアーキテクチャを創る試みの中からどんなものが今後生まれてくるだろうか。

1.2.2 X＝民主主義

文部科学省が3年おきに調査している社会教育調査の結果によれば,増加を続けていた博物館および博物館類似施設の数が,平成20年度の5,775館から平成23年度の5,747館と微減に転じた。入館者数の合計は平成7年度間以降,微増減をくりかえしている。

かつて,行政主導で一定の時期に集中的に建設された博物館は,同じように建物の老朽化が進み,立て直しの検討の中で博物館の存在意義自体の議論が発生している。東京都杉並区では,平成24年3月に策定された「杉並区基本構想(10年ビジョン)」に基づいて区立施設の規模や配置の見直しが開始され,平成26年1月には「杉並区区立再編整備計画(第一期)(案)(平成26～33年度)」が公開された。再編理由としては既存の施設が更新時期を迎えることによる財政負担の大きさと,時代の変化に合わせた市民ニーズへの対応の2点が挙げられている。資料は,65歳以上の高齢者比率の増加と14歳以下の年少人口の減少の傾向を示し,世代別で必要とされる行政の機能に対する資源再配分が必要であることを説明してい

る。この案には，ミュージアムに関係する見直しも含まれており，区立科学館を廃止し必要な機能は学校現場で吸収するという案が示されている。一方，同郷土博物館についての言及はなく，見直し対象の取捨選択に関する情報は明記されていない。そして，発表された計画に対して，科学館存続の立場から区内の団体がウェブ上で廃止反対意見を表明し，反対表明喚起は区外にも広がった。

公立のミュージアムは，戦後，民主主義を支える社会システムとして発展してきた。ミュージアムに対する安定した資源配分のもとであれば，このような体制の中の議論で完結できたかもしれない。しかし低成長時代に入り，地方公共団体の税収が減少し，少子高齢化による世代別人口の構成が高年齢層に大幅に偏ってくる中では，資源の配分も大きな見直しが求められる。ミュージアムの改廃は，首長候補が選挙で課題としてあげることもあれば議会の議題ともなる。長年博物館の現場を支えてきた専門家とは必ずしも意見の一致しない多くの関係者も加わった議論が必要になる。また，首長や議員を選挙によって選ぶという間接的な意見表明以外に，行政に対して直接住民が意見を表明する機会もないわけではない。

例えば，公式な手続きとして，可能な限り公平に多くの住民からの意見収集のため「パブリックコメント」が実施されることもある。実施の広報は既存の一方向メディアで行われるが，その問題に関心をもつ特定のグループが口コミによって議論の喚起を行いたいと考えれば，SNSの普及は力強い助けとなるだろう。

一方で，コミュニティ内の最終的な合意形成は，物理的な制約に左右されざるをえない。選挙による代議員の選出とその代議員による直接の議論と多数決という2階層構造をもつ間接民主主義の制度は必然と考えられる。ネットによって改めて民主主義の実装システ

ムがどのように変わりうるかの議論の中には，直接と間接の二者択一ではない提案もある。例えば，東浩紀は，『一般意志 2.0』で，ルソーがうたった民主主義の理念が，その後の現実との乖離を超えて，ネットという環境によって実現される可能性を述べている[17]。現在の民主主義のルールを補完する形でのネットの活用の可能性が示されている。

ミュージアムの設立や廃止に絞りこまれた論点に対しては反対や中止という活動が活性化する反面，明らかな論点が共有できない課題に関して活動が自然発生することは難しい。また，住民全体に比べればわずかな割合の住民グループの意見が，相対的に増幅され拡大されて取り上げられることにもなりうる。何が民主的かという唯一の正解のない問いかけをしながらも，ネットが加わったコミュニケーション環境の中でミュージアムの未来も議論されていく。

1.2.3 X＝世代

ネットの普及によって全世界の人々が容易につながることが可能になった。ソーシャル・ネットワーキングはその可能性をさらに広げるものである。ただし，広がった可能性によって，実際にすべての人がつながるわけではない。

この便利な環境を使って，特定の思想・信条をもつ人々の関係がより強固になり，現実世界とは異なる新たな境界が生まれつつあるという指摘もある。エリック・シュミットジャレド・コーエンは，「インターネットに国境が生まれる」可能性に言及した[18]。そして，現実世代と相似形のセグメントが仮想世界で発生しうるなら，ミュージアムとソーシャル・ネットワーキングという文脈でも「世代」の観点を見落としてはいけない。

現実世界のミュージアムにおいて，館別に，あるいは，館の種類別に，入館者の世代分布が社会全体の分布とは異なる。私の個人的な印象では，科学系博物館では小学生やそれを含む家族，美術館では40代50代あたり，郷土・歴史系の博物館では，定年退職後のシニアと呼ばれる世代が目立つ。世代によって関心を抱く領域にある程度の法則性があるのかもしれない。オープンな場としてのミュージアムを介したネットワークが形成される際に，初期値として世代の偏りがあることは無視できない。

　ソーシャル・ネットワーキング発展の強力なツールとなったSNSでも，サービスごとに利用者の世代・性別の分布が異なっている。サービスのもつアーキテクチャの受容と浸透に世代というファクターが影響しているのかもしれない。郵便や電話のように普及の過程で相互接続が進んで世界を横断するマトリクス（レイヤ）となった通信手段とは違い，インターネットのアーキテクチャは初期の段階から世界を横断するマトリクス（レイヤ）として設計されている。しかしその上では，万人に対してオープンではないアプリケーションのサービスが開発可能である。ビジネス上のマーケティング等の特定の目的のためにユーザを選ぶことによって効率が上がるのであればそのような選別はサービス提供者の自由である。結果として，サービス提供者から見て都合のよいコミュニティに属することになっても，圧倒的な数の大きさから疑似的に世界全体と相似形のコミュニティだという幻想に包まれるかもしれない。

　ミュージアムにせよ，SNSにせよ，世代をはじめとした何らかのセグメントに分かれていくことが必然だとした場合，その組み合わせの相乗効果によって分断がより強固になるのか，あるいは独立したセグメントのつながりが相互に補完し合うのか，いずれの道も

可能である。仮想世界がつねに視野を広げてくれるとは限らない。

1.2.4　X＝文化・集合知・創作

　2014(平成26)年の1月から5月にかけて東京都杉並区立郷土博物館分館で「杉並たてもの応援団」が「杉並たてもの応援団が選ぶ街角の名建築」という区民参加型展示を行った。この団体は，1999(平成11)年より歴史的建造物の調査・保存などの活動をしており，この展示では区内の街角の名建築を写真と文章で紹介した。今も残るものもあれば取り壊しになっているものもある。民間の一般市民が，それぞれの建物に関心をもって調査を行い，場合によっては保存のための協力活動を行っている。その成果がミュージアムの展示室で発表される。

　このように，ミュージアムの限られた専任スタッフの活動に加えて，市民が自らミュージアムでの展示を作り出す活動も育ってきている。地域の文化的な資産を市民が調査・研究・発表する活動は他の地域でもさかんに行われている。テーマは有志の関心から生まれたものであり，市民全体の多様な関心の平均値を意識せざるをえないアプローチをとる必要はない。また，この展覧会では，建物を撮影した写真の下にシールを貼る台紙が用意されていた。観客は会場入り口でシールを一枚手にして，気に入った建物の写真の下の台紙に自分のシールを投票のように貼っていくという仕組みである。たとえ小さな行動であっても，自らの考えを他人にわかる形で表現するということは，より本格的な行動に踏み出していく一歩となるに違いない。応援団という小さなグループの活動を起点に，さらに多くの市民の行動が引き出される。調査の対象となった名建築の設計者・建造者は一次的な創作者である。そのような情報を整理・編集

45

して二次的な資料として残す作業はミュージアム・学芸員の使命だろう。しかし，市民が担える役割もある。

　ソーシャル・ネットワーキングは，このような活動に参加する閾値を下げている。ローレンス・レッシグは，自分の文化を読むことが中心になる文化をRO（Read Only）文化，読んだことをもとに自ら創る文化をRW（Read Write）文化と呼んだ[19]。21世紀になり，例えば音楽については，既存のモノを組み合わせて新たな創作をすることが当たり前になっている現状を観察し，文化をより発展させていくために現状に合わせて法的な枠組みも変えていくことを提案している。

　さまざまな文化・創造は相互に影響を及ぼしながら発展してきたものであって，新しい技術を実用に噛み下す際にもさまざまな文脈での活用の可能性も担保されてきた。しかし，現在において音楽を例にとれば，著作権や個人情報の扱い等，既存の常識に合わせて積み上げられてきた法と現実には乖離があり，もし法を厳格に適用することになれば，RW文化の発展を抑制する枷となりうる。一方，文章の引用については，一定のルールのもとに幅広く行われている。

　仮想世界では，ミュージアムで見聞したものに関してブログやSNSで記事を書いている例は多い。見学したものについての比較的単純な報告といったものから，自ら撮影した複数の写真を使い関連する資料や経験と組み合わせた二次的な著作物といえるものまで多彩である。日本では，インターネットの普及という基盤の上に2005（平成17）年頃からブログ作成が流行したことで，市民が自ら気軽に情報発信をするようになった。それが現実世界にも影響を及ぼしてきている。例えば，ネットの上で簡単に写真が公開できるよう

1章　ミュージアムとソーシャル・ネットワーキングの進化

になると，ミュージアム内での写真撮影の意味も変わってくる。資料の写真が不特定多数に共有されうるという新たな可能性の前ではもとからあった複数の要件の差が際立ってくる。権利関係の課題も含めた資料の保護を優先し撮影を厳格に禁止するミュージアムもあれば，市民による調査研究やレクリエーションへの配慮によって撮影を前提として展示を準備するミュージアムもでてくる。二者択一の罠に陥ることなく，ミュージアムの使命に立ち戻ってより大きな価値を生み出せる環境の発展を期待できないのだろうか。もちろんジャロン・ラニアーが「技術の世界で最近のはやりの考え方では，量を極限まで追い求めると質に変化するし，その背景にはすでに判明している原理があるとする。侮辱のかけらを100万あるいは10億も集め，すばらしい秘密の統計的アルゴリズムで組み立てれば，よく考えられた評論を凌駕するほどの英知が得られるというのだ。そんなはずはないと私は思う」[20]と語るように，数で質が担保されるわけではなく，断片の質を上げる営みが不要になるわけはない。

　ミュージアムとソーシャル・ネットワーキングは，創造活動を刺激する場となる。ハーバーマスが公共性の制度（施設）の例として挙げた「1680年から1730年の間の最盛期における喫茶店（coffeee-house)」[21]等は，その時代その地域において，対話と議論による集合知が生まれる場所だったろう。人が自主的に自由に集まる場所で対話と議論が起きれば，予定調和でない何か新しい発想・発見が生まれることがある。物理的な場所ではなくても，例えば同じ領域に関心をもつ者たちが購読・投稿する学術誌や同人誌といった印刷媒体もプロセスを媒介する。そして，コミュニケーションコストの大幅な低下は，より多くの人のより多くの時間が1つの話題に対して接点をもてる可能性を高めた。

47

現実世界のミュージアムでは，展覧会を直接の目的とせずに併設されたカフェやレストランでの会話を楽しむために利用する市民も増えてきている。一方，仮想社会のソーシャル・ネットワーキングでは，日常的なコミュニケーションの中から特定のテーマに関する議論が深まることがある。この2つを活用した場の設計によって，集合知と創造を生み出す新たな基盤が生まれようとしているのかもしれない。

　ミュージアムとソーシャル・ネットワーキングは，創造の材料の供給元になる。ミュージアムと市民の最大の接点が学芸員が工夫を凝らした展示なのであれば，個々の資料と同時にそれをひとつの文脈として編集した総体にも情報としての価値がある。しかし，個々の資料を検索し組み合わせて自らの観点で編集活動を行う市民にとっては展示に限らず収蔵資料や他のミュージアムの資料まで含めたアクセスが重要になる。ミュージアム内で，画像などによる検索システムを提供している例も多い。しかし，その利用が館内に限定されるなら，現実世界の範囲でしかアクセスはできない。しかも，共通化された検索の仕組みはなく，ミュージアム横断の検索もままならない。事前にネットで調べてから物理的にアクセスするという手順もとれない。分解と再構成に，工夫の余地がある。

1.2.5　X＝支援

　現実世界でのボランティア活動の意義に対して多くの人びとの関心を喚起したのは1995(平成7)年の阪神・淡路大震災だった。この年は，インターネット利用が急速に普及し始めた年でもある。現実世界の活動は，仮想世界のネットワークも借りて発展してきた。

　そして，2011(平成23)年3月11日の東日本大震災では，地震と

津波によって被災地のミュージアムにも大きな被害が出た。被災直後に図書館の被災状況の共有と救援調整を，Wikiを利用して行うために有志によって自主的にはじまった活動は，対象を博物館・図書館・文書館・公民館（Museum, Library, Archives, Kominkan）へと広げてsaveMLAKプロジェクトとなった。2014(平成26)年4月7日時点で，25,299件の施設情報が掲載され，博物館・美術館に限ると201の施設の被害報告が集められ参照可能になっている。

プロジェクトの活動は，「saveMLAKニュースレター」として2012(平成24)年2月以降毎月PDF形式で発行されており，第23号（2014年02月10日発行）によれば，2014年1月末時点の総ユニークWiki編集者は463名，連絡用のメーリングリストには287アカウントが登録されている。このプロジェクトへの参加に特別な資格要件はなく，誰もが自らの意志で貢献することができる。ニュースレターでは，図書館やミュージアムだけでなく，教育や防災に関係した官公庁の所属者，民間のメンバーが個人名で登場する。サーバの運用を含む事務局機能は民間の企業が担っている。仮想世界で形成されたネットワークは，現実世界の活動として個別の支援活動やセミナー等での情報発信として形となり継続的に行われている。また，この活動の費用は，グッズ販売収入や寄付によって賄われている。

この活動が迅速に立ち上がった背景には，以前より文化的情報資源を収集・蓄積・提供する公共機関であるという共通点をもつ博物館（Museum）・図書館（Library）・文書館（Archives）の連携（MLA連携）についての取り組みが進められてきていたことがある。連携の重要性を理解してきた者が，危機的な状況に際して個人の責任において自主的にこの活動に参加したのである。

また，資金に関する支援にも新しい視界が開けてきている。

クラウドファンディング（crowd funding，群衆（crowd）と資金調達（funding）を組み合わせた造語）とは，不特定多数の人が通常インターネット経由で他の人々や組織に財源の提供や協力などを行う仕組みである。米国では，クリエイティブなプロジェクトの資金調達を行うために2009年に設立されたKickstarter等が，多くの成功事例を生みだしている。国内でも，すでにREADYFOR？（レディーフォー），CAMPFIRE（キャンプファイヤー），Makuake，A-port，等の事業者が提供するサービスを用いて多数のプロジェクトが資金調達に成功している。それらの中には，教育や文化に関わるものも多く，創作や資料保存や復元等ミュージアムにも関係するプロジェクトを多くの市民が直接支援している。

また，2008（平成20）年4月30日に公布された「地方税法等の一部を改正する法律」により，個人住民税の寄附金税制を拡充する形で「ふるさと納税」の制度が導入された。この制度を使えば，市民は任意の自治体に対する寄附を行う際に税額控除の優遇を受けられる。その際に，寄附者は使途を指定することも可能であり，ミュージアムに関係する選択肢を提示する自治体も出てきている。出身地や縁のある地域等，遠隔地の「ふるさと納税」情報を知るにはネットは欠かせない。SNSを用いた口コミも可能だろう。仮想世界は，現実世界の仕組みを活かすために利用できるのである。

1.3　進行する多次元化と核となる価値

1.3.1　"多次元化"するための分解と再構成

第6次産業という造語がある。農業生産過程のみを担当してきた

農業に，2次産業的な農産物加工や食品加工と，3次産業的な農産物流通や農業にかかわる情報やサービス提供を，可能な限り取り戻す，という提案である。その概念を示すため，農業経済学者の今村奈良臣（東京大学名誉教授）が「1次」「2次」「3次」を足し算して「6次産業」と呼んだものである。

古典的な産業分類が生産手段の発展に伴った直線的な産業のシフトを想定しているのに対して，まったく違う視点に立った造語である。第6次産業は，産業の段階を示すのではなく相乗作用に着目した造語である。過去のフレームを取り込みながらもまったく新しい視点が必要であることを宣言するための表現であり，それが一定の支持を受ける言葉の質感を生み出したのだろう。

連続する歴史の中の非連続点に誰もが気づくのは，そのポイントが過ぎてからのことである。新技術は徐々に発達して変化を及ぼしたのであり，ある瞬間にすべてが切り替わったわけではない。しかし後世の目から見ればそこに段差が見いだせる。

その時代の社会を構成する部品は，人類の歴史の中で培われてきたものである。しかし，その部品がもつ意味や組み合わせが変わると新たな価値を生み出す。ある時代の社会基盤が，部品として分解されて，新たな組み合わせとして再構成され次の時代の基盤をつくる。

ミュージアムについても，特別に社会環境の変化から隔絶された立場にあるわけではない。部品，あるいは部品セットとして，社会的な分解と再構成の対象になるのは必然である。

1.3.2　多次元化から生まれる新たなマトリクス

東京都美術館の歴史は，1926(大正15)年の東京府美術館建設に遡

る。コレクションの収集と保有よりも,公募展や企画展が活動の中心である。2012(平成24)年に大規模リニューアルを機に,新たな出発のための基本方針を次のように定めた。

東京都美術館のミッション(使命)

> 　新しい東京都美術館は,「アートへの入口」となることを目指します。展覧会を鑑賞する,子供たちが訪れる,芸術家の卵が初めて出品する,障害をもつ人が何のためらいもなく来館できる ―― ,すべての人に開かれた「アートへの入口」として生まれ変わります。新しい価値観に触れ,自己を見つめ,世界との絆が深まる「創造と共生の場＝アート・コミュニティ」を築き,「生きる糧としてのアート」と出会う場とします。そして,人びとの「心のゆたかさの拠り所」となることを目指して活動していきます。
> 　(出典:財団法人東京都歴史文化財団「東京都美術館 指定管理提案書類（事業計画書）」平成22年より一部修正)

　このミュージアムがどのようなマトリクスとして再構成されるべきか市民にとっての価値の視点から記述がなされている。博物館法でうたわれる提供機能を追認するような使命ではなく,この館がもつ独自の課題解決が宣言されている。

　この使命を果たすための役割の内,一番目に「1．人々の交流の場となり,新しい価値観を生み出す美術館」が掲げられた。他の役割が「美術」に関係するものであることに比べ,"人々"を行動の目的語としている点に特色がある。そして,役割を実現するために東京藝術大学と連携して行うアート・コミュニケータの養成やワークショップの実施など,交流による新たな可能性を探究する「アー

ト・コミュニケーション事業」が開始された。

　最初の実施プログラムがアート・コミュニケータの養成を担う「とびらプロジェクト」である。この活動では，アートの可能性を大きく捉え，さまざまな人があつまる場を広げていくことを志向している。学芸員や大学の教員，活躍中の専門家を中心としたプロジェクト・チームによるサポートにより，「とびラー」と呼ばれる参加者は基礎的な力をつけるための各種講座へ参加し，美術館の現場で学びを活かした実践を行っている。「教える側，伝える側」と「学ぶ側，受け取る側」という関係から始まるプロジェクトの最後には，参加者個々人がそのあとの自らの活動を定義することになる。美術館という非日常的な場を使い，「学び」を「実践」に結び付けていくことで，社会におけるつなぎ役として成長し，「とびラー」の役割を個々人が実現していく。対話の重視や，参加者全員の参加を促すためにあえて特定のリーダーを置かない，といった運営手法は，社会での活動の展開を意識した設計である。

　この活動では，プロジェクトの広報SNS等が利用され，社会との接点となっている。また，プロジェクト内のコミュニケーション・ツールとして関係者限定の「とびラー専用掲示板」が用意されるなど，コミュニティ内のコミュニケーションの環境も常に担保されている。プロジェクト・マネジャーの伊藤達矢は，とびらプロジェクトの運営上，メールやSNSによるコミュニケーションが必須というわけではないがもしなかったとしたらかなり違った形になっただろうと語っている。

1.3.3 ミュージアムの進化にゆるされた複数の道

戦後，日本全国に多数の物理的な施設が建設された。そこを起点にして，市民への働きかけが広がり，友の会組織のような継続的な関係が醸成されてきた。インターネットの普及に対応して，まず館園の情報発信のツールとしてのホームページやメールマガジンが整備され，SNS の活用も始まっている（図1-5）。

日本のミュージアム全体での年間の延べ利用者数の合計は数億人に達しているが，多くの市民はほとんどミュージアムを利用する機会をもたず，特定少数の愛好者の繰り返し利用が延べ利用者数を押し上げている。個々のミュージアムを起点とする動きに触れることができるのは，明示的な行動を起こした市民に限られれており，新しいメディアを使った情報の発信も既存の利用者との関係の強化には寄与しても，新たな利用者の獲得にはなかなかつながらない。

SNS の普及によって，一般の市民が起点となって行う仮想世界での活動がマトリクスの起点となる可能性が顕在化した。SNS は

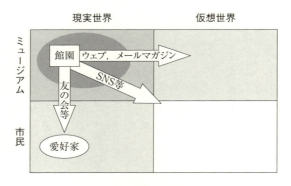

図1-5　現実世界のミュージアム

既存の愛好家のグループの中のコミュニケーションの維持・強化に寄与するだけではない。一般的な市民の個々の活動がSNSで共有されることで，その多様な文脈の中でミュージアムへの関心が拡散・成長していくのである（図1-6）。

展覧会の見学・鑑賞や教育プログラムへの参加体験が，FacebookやTwitterなどで個人が日々発信する情報の一部として広まっていく。この市民起点のマトリクスがミュージアム起点のマトリクスと重層的に重なり相互に補完できるのであれば，ミュージアムの世界のネットワークはより豊かになるだろう。

筆者は，ソーシャル・ネットワーキングという新しい可能性が，これまで培ってきたミュージアムの歴史に掛け合わせられることで，新しい過去が創り出される時代に生きていると実感している。第6次空間と名付けた抽象的な概念に命が吹き込まれる様を目撃している。核となる価値を礎として，新たな過去を紡ぎだす機会を与えられていると考えたい。

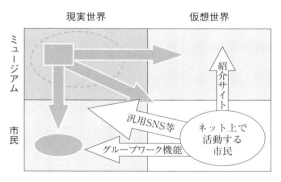

図1-6　仮想世界の市民活動による補完

本書の対象は日本のミュージアムである。国家システムの一部として導入された明治初期，民主主義を支える社会システムの一部として定義された戦後，博物館というシステムは欧米の仕組みの輸入であった。その上で日本の環境に合わせて独自に発展してきた。

　一方，インターネットという文化の発祥地は米国である。基本的なプラットフォームの標準化によってネットワークは拡大したが，その仕組みを特定の国や機関がすべてを統制しているわけではない。プラットフォームの上につくられるメタレベルのマトリクスには，創造の自由が担保されている。結果として日本のSNS事情は日本独自のものである。TwitterやFacebookなど一部のサービスは，海外，主に米国発のものであるが，mixi，ニコニコ動画など日本発のサービスも多数の利用者に支持されている。

　筆者は，ともに独自性をもつにいたったミュージアムとソーシャル・ネットワーキングの相互作用によって，日本の歴史と文化が次世代の段階に至る可能性に期待する。そして，新たなミュージアムを創っていく作業に少しでも参加できることをうれしく思う。

1.3.4　混沌の中で獲得する各自の視点

　次の章以降，"ミュージアムとソーシャル・ネットワーキング"が相互に影響を及ぼしながら動いている様子を具体的に紹介する。これから出現する多次元を予感させる事例は何かを考え，編著者としておおまかな構想を提示して他の著者に執筆を依頼した。本書の構想を十分には説明しきれぬ段階で快諾いただいた共著者に感謝する。

　2章と3章の前半では，日本国内のミュージアムによるインターネットの活用状況の全体像が示される。社会の他の機能での対応状

況と対比をすることも可能だろう。3章後半以降と5章ではインターネット活用の具体的な取り組み事例を取り上げた。その中には，ミュージアムが単独で，あるいは主導して進めた事例だけでなく，ミュージアム間の事例，市民・利用者が主導する事例も加えた。

一方，4章では，ミュージアムの実体の新たな展開事例が紹介される。インターネットによってもたらされたどこでも誰でも参加できるという新しい可能性を，物理的な展開にも応用できることを示した事例として参照してほしい。ソーシャル・ネットワーキングは，たしかにインターネット上のSNS等のツールによって可視化され注目を浴びることになったが，あくまでも概念の実装の一形態である。実装だけに惑わされることなく本質を考えるための材料として取り上げた。

編者としても，共著者の原稿を拝読しながら，それぞれの事例のもつ意味は何なのかを改めて考える機会を得，当初想定したこととは違う発見もあった。そして，結果的に，執筆期間中に新たに耳目に入ってくるミュージアムに関係する情報のすべてをこのテーマの観点で考え続けることにもなった。その過程で生まれてきた私の視点は，1.2項で5つの"X"として提示した。

本書が提示した視点や事例の素材を契機に，読者各位も自身の視点"X"を見いだすことを期待する。

引用参考文献・注

1：マーシャル・マクルーハン著，森常治訳『グーテンベルクの銀河系：活字人間の形成』みすず書房，1986，p.40．

2：エリザベス・アイゼンステイン著，小川昭子ほか共訳『印刷革命』みすず書房，1987，p.48．

3：総務省編．"インターネットの利用動向（第4章第3節）"．平成25年版情報通信白書．p.331. http://www.soumu.go.jp/johotsusintokei/whitepaper/ja/h25/pdf/n4300000.pdf,（参照 2014-05-04）．
4：トライバルメディアハウス，クロス・マーケティング編著『ソーシャルメディア白書2012』翔泳社，2012，p.3.
5：財団法人インターネット協会監修，インプレスR&Dインターネットメディア総合研究所編集『インターネット白書2012：モバイルとソーシャルメディアが創る新経済圏』インプレスジャパン，2012，p.28.
6：前掲2，p.155.
7：前掲2，p.200.
8：伊藤寿朗『市民のなかの博物館』吉川弘文館，1993，p.143.
9：前掲8，p.142.
10：鷹野光行「博物館相互の協力」加藤有次ほか編『博物館機能論』（新版 博物館学講座第4巻）雄山閣出版，2000，p.77.
11：福原義春編『地域に生きるミュージアム：100人で語るミュージアムの未来II』現代企画室，2013．
12：浅羽通明『昭和三十年代主義：もう成長しない日本』幻冬舎，2008，p.25.
13：レイ・オルデンバーグ著，忠平美幸訳『サードプレイス：コミュニティの核になる「とびきり居心地よい場所」』みすず書房，2013，p.454.
14：ニコラス・G.カー著，篠儀直子訳『ネット・バカ：インターネットがわたしたちの脳にしていること』青土社，2010，p.168.
15：ローレンス・レッシグ著，山形浩生訳『CODE VERSION 2.0』翔泳社，2007，p.109.
16：濱野智史『アーキテクチャの生態系：情報環境はいかに設計されてきたか』エヌティティ出版，2008，p.14.
17：東浩紀『一般意志2.0：ルソー，フロイト，グーグル』講談社，2011．
18：エリック・シュミット，ジャレッド・コーエン著，櫻井祐子訳『第五の権力：Googleには見えている未来』ダイヤモンド社，2014，p.128.
19：ローレンス・レッシグ著，山形浩生訳『REMIX ハイブリッド経済で栄える文化と商業のあり方』翔泳社，2010，p.24.
20：ジャロン・ラニアー著，井口耕二訳『人間はガジェットではない』（ハヤカワ新書juice）早川書房，2010，p.96.
21：ユルゲン・ハーバーマス著，細谷貞雄・山田正行訳『公共性の構造転換：市民社会の一カテゴリーについての探究』未來社，1994，p.52.

2章

ミュージアムのインターネット／SNSに関する取り組み
—— 博物館ICTの現状

　3年ごとに実施されている文部科学省による「社会教育調査」の平成27年度の報告書では，博物館（登録博物館・博物館相当施設の計1,240館）の「情報提供方法」として「独自ホームページ」（1,172館94.5％）が最も多く，「機関誌，ポスター，パンフレット等」（1,069館86.2％），「マスメディア（放送・新聞等）」（975館78.6％），「公共広報誌」（912館73.5％）を上回っていた。

　科学・歴史・郷土・美術・動物園など全館種での博物館ICTの実態究明を目的として，日本博物館協会に集積された平成12・17・22年度の各博物館の入館者数が把握できた1,103博物館のウェブサイトを通じて確認できるICT状況について，実施項目別に調査行った。調査結果を，社会教育調査とともに，5年ごとに行われ博物館経営の分析資料である「日本の博物館総合調査」（以下，総合調査）と比較するとICTに積極的な館の入館者数における優位さがみえてきた。

2.1 博物館ウェブサイトの実態

2.1.1 調査対象・調査期間

 日本博物館協会では,昭和47年度以降,毎年度,全国の博物館を対象に入館者数を調査し,協会が発行する「博物館研究」に調査結果を公表している。博物館別のデータは,平成11～23年度の13年分が存在するが,平成12・17・22年度の5年ごとに入館者数を連続して確認できる博物館は1,103館であった。

 入館者数と博物館情報化の関連性を動的に把握するため,この1,103館のウェブサイトを対象とした。さらに,経営的側面を把握するため館長挨拶や運営方針の公開等情報発信を含め,ICTの定義を広く捉えた調査項目とした。調査項目は①ホームページ,②館長挨拶,③運営方針(ミッション),④常設展示,⑤特別・企画展示,⑥イベント情報,⑦教育ソフト,⑧資料公開,⑨研究成果,⑩メールマガジン,⑪ブログ・SNSであり,各項目の実施の有無を2012年5月に調査した。

 日本博物館協会が区分した博物館種別に対象をみると,歴史が523館47.4％で最も多く,美術231館20.9％,郷土132館12.0％,総合(歴史,美術,自然史,理工など複数の機能をもつ博物館)56館5.1％,理工48館4.4％,自然史35館3.2％,動物園27館2.4％,水族26館2.4％等となっていた(図2-1)。

2.1.2 博物館ウェブサイト活用状況

 調査対象の1,103館のウェブサイト活用状況は図2-2のとおりである。

2章 ミュージアムのインターネット／SNSに関する取り組み

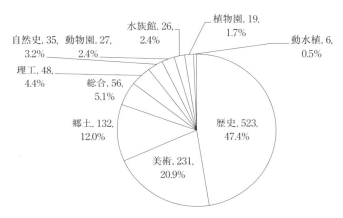

図2-1 博物館館種別調査対象（館数と構成比）

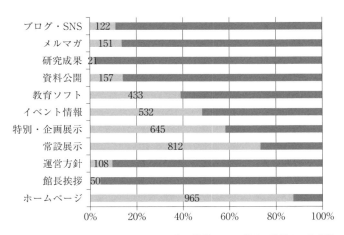

注：縦軸はICT種別，横軸は％と館数

図2-2 博物館ウェブサイト活用状況

61

(1) ウェブサイト開設状況

対象となった博物館の87.5％（965館）がホームページを開設していた。

博物館は目的，設置主体，登録の有無で3つに分類されている。館長，学芸員を有し，年間150日以上開館し，博物館法の定義によって定められた事業を行い，都道府県教育委員会が登録・指定した登録博物館（以下，登録），博物館法上に位置づけ博物館に類する事業を行う博物館相当施設（以下，相当），博物館法に基づかないが同種の事業を行う博物館類似施設（以下，類似）である。

博物館491館（登録373館，相当118館）の開設は470館95.7％，類似は612館中495館80.9％であった。

社会教育調査では，「独自ホームページ」を博物館（登録，相当）が1,243館中1,034館83.2％，類似が4,310館中1,961館45.5％であり，2つの合計では53.9％であった。調査対象館は，平成12・17・22年度の入館者数を連続して日本博物館協会に報告していたことから推測すると，対象館は博物館運営を堅実に行っている可能性が高い。

最新の総合調査（平成20年までは（財）日本博物館協会が実施していた）は，科学研究費補助金を受けた「日本の博物館総合調査研究」（研究代表：篠原徹）が，平成25年12月に4,045館を対象に実施し2,258館より回答があった。その結果をみると，独自のURLをもつ館は，1,775館78.6％であり，内訳として博物館（登録，相当）765館89.1％，類似1,010館72.2％であった。

(2) 常設展示情報の有無

対象となった1,103館中812館73.6％が，ウェブサイトに主要展

示資料の紹介等常設展示情報を提供していた。なお，ほとんどの博物館がテキストだけでなく画像付きで展示物の紹介を行っていた。

　博物館総合調査はより具体的に調査を行っており，「資料の画像情報の公開（館内端末，館のホームページ等で公開）」していたのは，2,258館中565館25.0％であった。比較的規模の大きい総合博物館が48館44.0％で高く，次いで美術館が166館35.1％であった。

（3）特別・企画展情報の有無

　特別展や企画展の情報を645館58.5％の博物館が提供していた。内容は主要展示物の画像，テキスト，展示レイアウト，イベント情報などであった。なお，小規模館は特別・企画展の開催が少ないことから，全体の数値が下がったと思われる。

（4）イベント情報の有無

　532館48.2％の博物館が教育普及事業等のイベント情報をウェブサイトに提供していた。多くが事業名，開催日時，概要，画像・イラストの情報で構成されている。常設展示，特別・企画展示の内容紹介に次ぐ高い実施率である。

（5）教育ソフトウェアの有無

　433館39.3％の博物館が，教育・学習ソフトウェアとして地域の史跡案内，図鑑，自然観察や科学実験の手法等をデジタルアーカイブ化し学習教材として公開していた。利用者への一方的な情報提供だけでなく，双方向性をもたせた教育ソフトウェア・デジタルアーカイブを開発することで，来館の有無にかかわらずネットを通じて教育機能を広範囲に果たす博物館があった。

（6）資料公開の有無

　博物館が所蔵（収集・保管）した資料・標本を館内だけでなくネットを通じて公開することは，一般利用者の学習支援や研究者の調査研究活動基盤として重要である。しかし，ネットを通じて公開している博物館は 157 館 14.2％に留まっていた。

　総合調査では，電子化された「資料台帳」を回答した 2,164 館中 1,099 館（50.8％）がもっており（図 2-3），電子的な資料台帳を作成はしているが公開していない館が多いことが推測される。

　また，総合調査によると，回答した 1,082 館中 554 館（51.2％）が「ほとんどすべて」を収録・電子化しており，「3/4 程度」219 館（20.2％），「半分程度」147 館（13.6％）を含めると 85.0％になっていた（図 2-4）。

　なお，電子化された資料の活用としては，資料目録作成 1,287 館 60.9％，画像情報公開 565 館 26.8％，ホームページでの目録情報公開 208 館 9.9％，文化財オンラインやサイエンスミュージアムネット（国立科学博物館が運営する自然史系博物館標本情報ネットワーク）等外部データベース公開 145 館 6.9％であった（表 2-1）。

　総合調査では，「以下の外部のデータベースシステムへのデータ提供※文化財情報システム（文化庁），美術情報システム，サイエンス・ミュージアムネット（国立科学博物館が運営する自然史系博物館標本情報ネットワーク），都道府県機関等のデータベースシステム」について実施しているのは 145 館 6.4％であり，ネットを通じた博物館コレクションネットワークは進んでいない。館種別では，総合が 20 館 18.3％，自然史が 16 館 17.4％で提供館が多かった。

　公開が進まない原因として，総合調査の「博物館の抱える課題」項目にある「資料や資料目録のデジタル化ができていない」（図 2-

2章　ミュージアムのインターネット／SNSに関する取り組み

5）で，「すごくあてはまる」と「まああてはまる」館の合計が76.5％になっていることが考えられる。

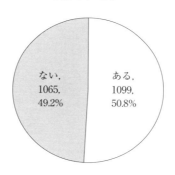

図2-3　電子化された資料台帳（総合調査）

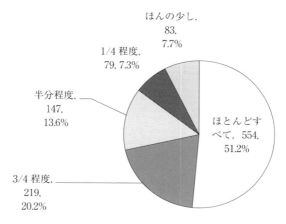

図2-4　資料台帳電子化の状況（総合調査）

表2-1　電子化された資料の活用状況（総合調査）

		資料目録の作成	HPでの目録情報の公開	外部のデータシステムへのデータ提供	資料の画像情報の公開
回答館数		2114	2104	2104	2106
している	館数	1287	208	145	565
	%	60.9	9.9	6.9	26.8
していない		827	1896	1959	1541

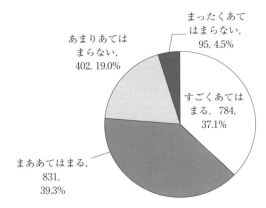

図2-5　資料や資料目録のデジタル化ができていない（総合調査）

　そのほか，財政難によるシステム開発の遅れ，知的財産権の処理，有形文化財であれば盗難の危惧，自然史系であれば絶滅危惧種の採取場所公開による自然環境への影響，過去のデータの信頼性など，館側の公開に対する自己規制が考えられる。

　全世界でのコレクション情報の流通は，各分野の研究を進めるだけでなく，紛争，災害，盗難に備えたセーフティーネットの役目を担っている。博物館資料の電子・アーカイブ化を進め公開を行うこ

とは，高度に情報化した知識基盤社会への対応として，わが国においても社会的ニーズが高まることが推測される。今後，社会・国民の共有財産である電子化された資料台帳の公開が速やかに実現されるよう，ガイドラインの整備が期待される。

（7）研究成果の公開の有無

21館1.9％だけがウェブサイト上に学芸員等の調査研究成果や教育活動を公開していた。博物館は，入館者だけでなく広く市民，研究者，行政に，存在意義をアピールすることが必要とされている。そのため，博物館や個々の学芸員が行う調査研究活動や普及啓発活動をウェブサイトを通じて積極的に発信することが望まれる。

（8）メールマガジンやブログ・SNSの実施の有無

利用者とのコミュニケーションについて，メールマガジン発行は151館13.7％，ブログ・SNSの実施は122館11.1％であった。

メールマガジンによる利用者へのダイレクトな広報や，ブログやSNSを活用した博物館と利用者，利用者相互の双方向の交流に1割程度の館が取り組んでいた。なお，ブログ・SNSの実施は，TwitterやFacebookで公式アカウントをもっている館，ブログを運用している館をカウントした。

2.2　総合調査からみたSNS

総合調査で「入館者を増やすために意識的に取り組んでいる」と回答した1,942館に取り組みの内容を複数回答で尋ねたところ，広報が最も多く1,483館76.4％であった。特別展1,196館61.6％や学

校連携 1,178 館 60.7％，教育普及 1,156 館 59.5％を上回っていた（図2-6）。

2.2.1 広報活動における SNS

広報の具体的な実施内容について，13 項目の複数回答で尋ねた（図2-7）。回答した 2,258 館中最も多いのは「ウェブサイト」の 1,950 館 86.4％，次いで「社会教育施設等へのポスター配布」1,670 館 74.0％，「プレスへの広報依頼」1,668 館 73.9％，「地方公共団体広報誌」1,619 館 71.7％，「学校へのポスター，チラシ配布」1,518 館 67.2％が 50％以上の回答であった。SNS は 11 番目の 555 館 24.6％であり，「メールマガジン等電子メールを使った広報」329 館 14.6％，「ブロガー向け内覧会等参加型メディアを活用した広報」82 館 3.6％であった。

2.2.2 館種別の SNS 実施状況

内訳を館種別にみたのが「SNS の実施状況」（表2-2）である。
全体の実施率 25.6％と比較して，動水植（動物園，水族館，植物園の機能をもった博物館）の実施率が最も高く 9 館 75.0％で，約3倍であった。次いで動物園が 23 館 59.0％，水族館が 26 館 54.2％が 50％以上の実施であった。美術 168 館 37.3％，総合 39 館 36.1％，理工 36 館 35.3％，植物園 11 館 29.7％，自然史 21 館 24.7％等になっていた。動物園や水族館など生きた生物を対象とし，強い集客力をもった博物館ほど，SNS を実施していた。

2.2.3 広報効果

「広報の手段のうち実施してみて効果のあった取組」を，効果の

2章 ミュージアムのインターネット／SNSに関する取り組み

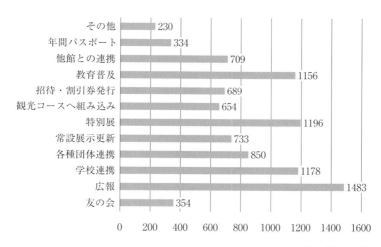

図2-6 入館者を増やすための取り組み（総合調査）

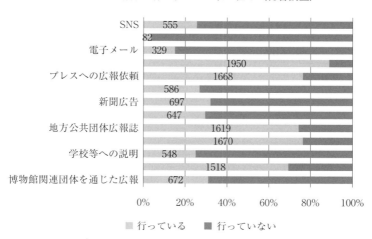

図2-7 広報・出版活動の実施状況（総合調査）

表2-2　SNSの実施状況（総合調査）

	計	総合	郷土	美術	歴史	自然史	理工	動物園	水族館	植物園	動水植
回答館	2166	108	271	450	1014	85	102	39	48	37	12
行っている	555	39	46	168	176	21	36	23	26	11	9
	25.6%	36.1%	17.0%	37.3%	17.4%	24.7%	35.3%	59.0%	54.2%	29.7%	75.0%
行っていない	1611	69	225	282	838	64	66	16	22	26	3
	74.4%	63.9%	83.0%	62.7%	82.6%	75.3%	64.7%	41.0%	45.8%	70.3%	25.0%

あった順に3番目まで調査した（表2-3）。1番目で最も高いのは「プレスへの広報依頼」714館36.3%であり，次いで「地方公共団体広報誌」310館15.8%，「ウェブサイト」248館12.6%の順番となり，「プレスへの広報依頼」が効果があるとした館が多かった。SNSの順位は11番目6館0.3%であった。

2番目になると，「ウェブサイト」が最も高く351館18.8%であるが，「プレスの広報依頼」が333館17.9%，「地方公共団体広報誌」が330館17.7%，「社会教育施設等へのポスター配布」が293館15.7%で分散化した傾向がみられた。SNSの順位は10番41館2.2%に上がっていた。3番目になるとさらに「ウェブサイト」は414館24.1%に上がり，次の「社会教育等へのポスター配布」316館18.4%，「地方公共団体広報誌」194館11.3%，「学校へのポスター等配布」188館10.9%との差が広がった。SNSは8番目70館4.1%になっている。

社会教育調査では，1,240博物館中「情報提供方法」として「独自ホームページ」（1,172館94.5%）が最も多く，「機関誌，ポスター，パンフレット等」（1,069館86.2%），「マスメディア（放送・新聞等）」（975館78.6%）であった。「ソーシャルメディア」SNSについては324館25.2%になっていた。総合調査の「広報・出版活動の実施」

2章　ミュージアムのインターネット/SNSに関する取り組み

表2-3　効果のあった広報手段

	1番目		2番目		3番目	
	館数	%	館数	%	館数	%
回答館数	1968	−	1865	−	1720	−
博物館関連団体を通じた広報	59	3.0	72	3.9	91	5.3
学校へのポスター等配布	200	10.2	141	7.6	188	10.9
学校等への説明	23	1.2	28	1.5	37	2.2
社会教育施設等へのポスター配布	155	7.9	293	15.7	316	18.4
地方公共団体広報誌	310	15.8	330	17.7	194	11.3
個人へのDM	81	4.1	80	4.3	78	4.5
新聞広告	147	7.5	130	7.0	76	4.4
交通機関広告	21	1.1	53	2.8	62	3.6
プレスへの広報依頼	714	36.3	333	17.9	174	10.1
ウェブサイト	248	12.6	351	18.8	414	24.1
電子メール	3	0.2	11	0.6	17	1.0
参加型メディア	1	0.1	2	0.1	3	0.2
SNS	6	0.3	41	2.2	70	4.1

においても「ウェブサイト」が最も多く，次いで「社会教育施設等へのポスター配布」と「プレスへの広報依頼」が同じ程度あった。しかし，総合調査による広報の効果の側面からは，マスメディアへのプレスリリースへの信頼度が博物館では高いといえる。

　一方，ウェブサイトを通じた広報は，即効性や館独自の判断で行えることから重要な位置を占めているのではないだろうか。SNSも同様に，館の積極的な関与によりユーザとのコミュニケーションを促進することが可能であることから，2次・3次的な広報活動として効果が認知されている可能性がある。

　なお，インターネットの普及による新聞購読者数の減少，TV視

聴率の減少に対応して,企業のマーケティング戦略では,従来のマスメディア対策だけでなく,ネット広告,SNS活用,評価サイト重視が広がっており,その影響を注視する必要がある。

館種別にSNSは広報の効果があったとした博物館を1番目から3番目までの合計でみると(表2-4),動物園が最も高く7館17.9%,次いで水族館8館16.7%,動水植2館の16.7%であった。このデータからも動物園,水族館等集客力がある博物館ほどユーザとのコミュニケーションを重視し,SNSに取り組んでいることが推測される。

2.3　博物館入館者とICT充実の相関

2.3.1　入館者数の変動と博物館ICT実施状況

博物館の入館者数を,平成12年度と22年度で比較し,130%以上増加,110〜130%未満に増加,90〜110%未満の変化なし,70〜90%に減少,70%以下に減少の5区分に分け,ICTの実施状況をみたのが(表2-5,図2-8)である。

入館者が70%以下に減少した館と130%以上に増加した館をICT実施項目別の比率で比較すると,教育ソフト30.8%,イベント情報27.6%,特別・企画展示20.5%,常設展示17.2%の順に大きく差があり,これらの項目の取り組みと来館者数増加との相関が推測される。

2.3.2　入館者数別ICT実施状況

博物館の入館者数を,1万未満から40万人以上まで7段階に分けて,ICT実施状況と比較した。

2章　ミュージアムのインターネット／SNSに関する取り組み

　集客力が1万人未満と40万人以上を比較すると，イベント情報71.4％，教育ソフト65.1％，特別・企画展示49.7％，ブログ・SNS48.7％の順に入館者数の変動により大きな差があり，ICTの充実と入館数多寡との相関が推測される（表2-6，図2-9）。

表2-4　SNSは広報の効果があったとした館種別博物館（総合調査）

	計	総合	郷土	美術	歴史	自然史	理工	動物園	水族館	植物園	動水植
実施館	2166	108	271	450	1014	85	102	39	48	37	12
SNS効果有り	114	3	11	36	37	6	4	7	8	0	2
％		2.8	4.1	8.0	3.6	7.1	3.9	17.9	16.7	0.0	16.7
1番目	6	1	0	1	1	0	1	1	1	0	0
％		0.9	0.0	0.2	0.1	0.0	1.0	2.6	2.1	0.0	0.0
2番目	41	0	4	14	11	2	2	3	4	0	1
％		0.0	1.5	3.1	1.1	2.4	2.0	7.7	8.3	0.0	8.3
3番目	68	2	8	21	25	4	1	3	3	0	1
％		1.9	3.0	4.7	2.5	4.7	1.0	7.7	6.3	0.0	8.3

表2-5　入館者数変化別ICT実施状況

入館者数変化	博物館数	ウェブサイト	館長挨拶	運営方針	常設展示	特別・企画展示	イベント情報	教育ソフト	資料公開	研究成果	メルマガ	ブログ・SNS
70％以下に減少	347	281	9	19	222	165	119	80	32	4	30	26
70〜90％減少	183	162	7	18	136	114	95	79	28	4	25	28
90〜110％未満	191	170	5	23	155	112	91	74	31	4	32	18
110〜130％未満増加	122	111	9	17	88	77	66	60	21	0	21	19
130％以上増加	260	241	20	31	211	177	161	140	45	9	43	31
計	1103	965	50	108	812	645	532	433	157	21	151	122

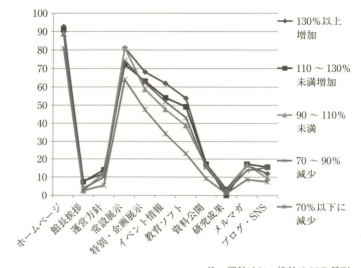

注：縦軸は％，横軸は ICT 種別
図2-8　入館者数変化別 ICT 実施状況

　特に，イベント情報において 71.4％の大きい差があり，イベントの PR が集客のキーポイントになっている可能性が推測できる。集客力の大きい 20 万人以上の館とそれ以外では，ブログ・SNS の開設においても大きな差がみられた。

2.3.3　博物館種別 ICT 実施状況

　博物館種別に ICT 実施状況を比較（表 2-7，図 2-10）すると，ホームページ開設率が 100％は，植物園，水族館，動水植，動物園であり，続いて理工 97.9％，自然史 97.1％，美術 96.1％，総合 94.6％，歴史 83.6％，郷土 71.2％の順となっている。歴史や郷土は小規模館が多いことから低い開設率になり，残りの館種は比較的規

表2-6　入館者数別ICT状況

	博物館数	ウェブサイト	館長挨拶	運営方針	常設展示	特別・企画展示	イベント情報	教育ソフト	資料公開	研究成果	メルマガ	ブログ・SNS
1万人未満	403	294	6	7	221	134	81	55	18	2	17	18
1万〜2万5千人未満	262	240	7	22	198	175	129	96	25	0	31	21
2万5千〜5万人未満	131	129	5	11	117	100	85	71	24	1	20	11
5万〜10万人未満	124	120	10	24	112	96	84	79	33	2	31	12
10万〜20万人未満	77	76	8	17	68	57	63	54	19	7	19	9
20万〜40万人未満	59	59	8	16	52	44	47	41	17	4	14	26
40万人以上	47	47	6	11	44	39	43	37	21	5	19	25
計	1103	965	50	108	812	645	532	433	157	21	151	122

模が大きいことから高い開設率となったことが推測される。

　博物館の種別でみると，植物園，水族館，動水植，動物園は常設展示，イベント情報，特別・企画展示において実施率が高く，下位の郷土や歴史と大きな差があった。動水植のメールマガジン実施はなかったが，ブログ・SNSは83.3％の高い実施率であり，他の館種より突出していた。水族館61.5％や動物園59.3％とともに，郷土4.5％，総合5.4％，歴史6.5％と比較すると大きな差があり，来館者と双方向のコミュニケーションを重視していることが推測される。

2.3.4　SNS実施の有無と入館者数

　総合調査にSNSを実施しているとした555館の中，542館が平成24年度の年間入館者数を回答していた。館種別の平均入館者数

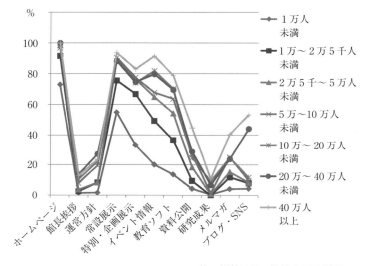

注：縦軸は％，横軸はICT種別

図2-9　入館者数別ICT状況

をSNS実施別でみたのが表2-8と図2-11である。

SNSを行っている542館の平均入館者数は153,213.7人であり，行っていない1,572館の平均入館者数50,237.2人の3.0倍であった。

SNS実施館で平均入館者が最も多かったのは水族館の26館647,983.0人であり，次いで動物園の23館624,562.9人，動水植の7館474,107.6人，植物園の11館212,923.7人が続いていた。

SNS実施館は未実施館と比較して平均入館者数が，動水植6.7倍，植物園2.9倍，美術2.5倍，動物園2.4倍，歴史1.8倍，水族館が1.7倍，郷土1.7倍，総合1.6倍など大きな差があった。すべての館種においてSNSの博物館への導入は，入館者数増加の要因になっている可能性がある。

2章 ミュージアムのインターネット／SNSに関する取り組み

表2-7 博物館種別ICTの充実

館種	博物館数	ホームページ	館長挨拶	運営方針	常設展示	特別・企画展示	イベント情報	教育ソフト	資料公開	研究成果	メルマガ	ブログ・SNS
歴 史	523	437	13	37	367	276	211	166	48	3	53	34
美 術	231	222	22	37	175	187	125	107	51	3	40	24
郷 土	132	94	2	4	78	47	32	23	4	0	7	6
総 合	56	53	2	6	47	41	36	29	9	2	6	3
理 工	48	47	3	5	45	27	39	37	5	2	9	5
自然史	35	34	2	7	25	16	21	20	11	4	12	10
動物園	27	27	2	4	26	13	26	18	12	1	9	16
水族館	26	26	2	4	25	20	21	18	11	3	8	16
植物園	19	19	2	3	18	14	15	11	3	3	7	3
動水植	6	6	0	1	6	4	6	4	3	0	0	5
計	1103	965	50	108	812	645	532	433	157	21	151	122

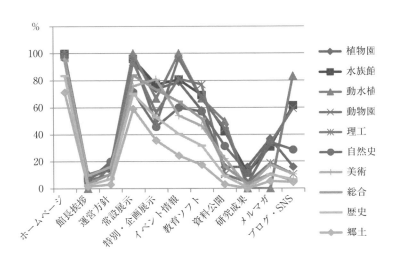

図2-10 博物館種別ICTの充実

77

表2-8 SNS実施別館種別平均入館者数（総合調査）

	総合	郷土	美術	歴史	自然史	理工	動物園	水族館	植物園	動水植	計
館合計	90	264	433	992	83	102	39	47	36	10	2096
行っている 館数	37	46	161	175	20	36	23	26	11	7	542
行っている 合計入館者数	3,979,005	980,757	21,105,809	11,515,575	1,969,506	6,617,772	14,364,947	16,847,559	2,342,161	3,318,753	83,041,844
行っている 実施館平均入館者数	107,540.7	21,320.8	131,092.0	65,803.3	98,475.3	183,827.0	624,562.9	647,983.0	212,923.7	474,107.6	153,213.7
行っていない 館数	53	218	272	817	63	66	16	21	25	3	1554
行っていない 合計入館者数	3,572,377	2,754,001	14,153,780	29,760,832	5,558,894	8,117,325	4,153,831	7,962,407	1,823,179	212,023	78,068,649
行っていない 未実施館平均入館者数	67,403.3	12,633.0	52,036.0	36,427.0	88,236.4	122,989.8	259,614.4	379,162.2	72,927.2	70,674.3	50,237.2
平均入館者数比較（実施／未実施）	1.6	1.7	2.5	1.8	1.1	1.5	2.4	1.7	2.9	6.7	3.0

2章　ミュージアムのインターネット／SNSに関する取り組み

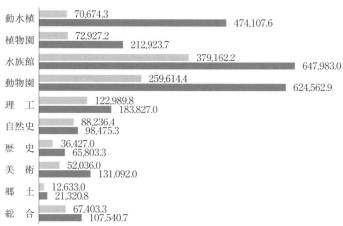

図2-11　SNS実施別館種別平均入館者数（総合調査）

2.4　検索エンジンのヒット件数と入館者数の相関

　博物館ICTの効果を測定するため，社会的な認知度を検索エンジンのヒット件数との関連において分析した。Googleを使用し，日本博物館協会に登録された博物館名との完全一致を原則にヒット数を調査した。調査期日は2012年6月である。

　なお，「東京都恩賜上野動物園」「旭川市旭山動物園」等の正式名称によるヒット数が，通称の「上野動物園」「旭山動物園」による検索結果と大きく異なる場合があり，その際は通称名によるヒット数を採用した。

2.4.1 館種別ヒット件数

館種別の平均ヒット件数を多い順番にみると（表2-9，図2-12），最も多いのが動物園で432,815件。次いで動水植352,067件，水族館268,582件，植物園94,653件，自然史81,331件，美術73,495件，理工71,894件，総合42,460件，歴史36,946件，郷土17,760件の順であった。

2.4.2 館種別平均ヒット数と平均入館者数

館種別平均ヒット件数と平均入館者数は相関がみられた。ネット上のヒット件数の多寡は入館者数の多寡にほぼ比例していた。

これまでみてきたように，ヒット件数が多い博物館は，入館者数が多いとともにSNSを積極的に導入した動物園や動水植，水族館であり，関連性が推測される。

表2-9 館種別平均ヒット数と平均入館者数

	平均ヒット件数	平均入館者数
郷　土	17,760	13,346
歴　史	36,946	36,994
総　合	42,460	56,603
理　工	71,894	119,332
美　術	73,495	69,311
自然史	81,331	141,820
植物園	94,653	142,289
水族館	268,582	522,248
動水植	352,067	668,295
動物園	432,815	499,105

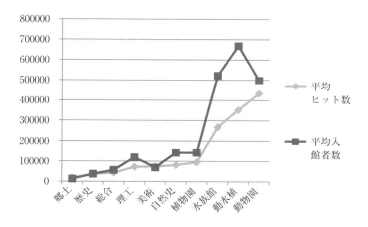

図2-12　館種別平均ヒット数と平均入館者数

2.5　博物館の新しいコミュニケーションデザインに向けて

　青少年から高齢者までスマートフォンや携帯電話を個人で持ち，ネットにアクセスする高度情報化社会の到来により，博物館ユーザとのコミュニケーションが変化しつつあるといえよう．

　博物館の入館者や教育活動への参加者などユーザの行動判断プロセスが変化しつつある．現在，博物館の情報提供はマスメディア経由の一方通行が主流である．しかし，新聞やテレビを視聴しない人々が若年層から中高年まで拡大しつつある状況下，ネット上での検索（Search）を主体とした能動的情報収集が一般化しつつある．

　さらに，ブログやSNSを通じたバーチャル空間において興味の対象となる組織・博物館がユーザと双方向に情報を共有（Share）し，それがユーザのリアル・行動判断に大きな影響をもつように

なってきたのではないだろうか。

　圧倒的な情報過多・情報洪水の中では，有用な情報が埋没しかねない。この情報エントロピーの上昇は，ネット環境の充実による検索行動の定着化，SNS の爆発的普及による情報発信・共有行為の増加という調整機能という解決策を生み出したといえる。

　さらに，これまでのマスメディアや博物館からの一方的な情報の流れでなく，消費者である博物館ユーザーが能動的に情報・内容を創り発信する CGM（Consumer Generated Media）の影響が日々増大している。

　したがって，この環境の変化を分析し，時代に応じた博物館の新しいコミュニケーションデザインを考える必要があるのではないだろうか。

参考文献

文部科学省．平成 27 年度文部科学省社会教育調査報告書．2015，http://www.mext.go.jp/b_menu/toukei/chousa02/shakai/kekka/k_detail/，（参照 2017-11-07）．

日本の博物館総合調査研究．科学研究費補助金研究成果報告書．2015.1，http://www.museum-census.jp/，（参照 2017-11-07）．

井上透「博物館ウェブサイトの実態と効果」時系列データによる日本の博物館の動態分析／基盤研究 C 課題番号 22601004／報告書 2013 年 3 月，p.120-124．

岸勇希『コミュニケーションをデザインするための本』電通，2008．

井上透「ウェブサイトに見る博物館 ICT の効果」『岐阜女子大学文化情報研究』Vol.15 No3，2013，p.1-7．

3章

自然史系博物館をとりまく重層的ネットワーク
――博物館のネットワーク

3.1 はじめに

3.1.1 社会構成要素として博物館は何を期待されているのか

　博物館は今日の社会の中で，どのような期待をされているのだろうか。いささか大上段に構えたところから論じ始めて恐縮だが，博物館とSNSの関係を考えていく前段として，博物館を取り巻く社会的なつながり（ソーシャル・ネットワーク），を確認しておきたい。博物館について，「博物館法」には「歴史，芸術，民俗，産業，自然科学等に関する資料を収集し，保管（育成を含む。以下同じ）し，展示して教育的配慮のもとに一般公衆の利用に供し，その教養，調査研究，レクリエーション等に資するために必要な事業を行い，あわせてこれらの資料に関する調査研究をすること」を目的とする，と書かれている。平たく書けば私たちの社会のあり方を示すさまざまな文化財，記録を収集する機関であること（「文化資源アーカイブ」），それを展示や利用に供することで市民の学習や研究に貢献する「社会教育機関」であること，さらに調査研究を行う「研究機関」であること，を求めている。資料収集保管，展示・教育，研究と3つの要素（活動として大きく異なる展示と教育活動を分ければ4つ）が求められている点だけでも博物館がかなり多面的な性格をもった

組織だということが示されるだろう。他の社会教育施設と比較しても，図書館には通常，研究機能は求められていないし，公文書館には保存と研究機能はあっても教育機能は求められていない。公民館は教育機能に特化している。教育機関である小中学校や，研究機関を兼ねた大学などと比べても，博物館の多面的な目的は際立っているともいえる。

実際の博物館が背負うものはさらに複合的で多様な実態を含む。多くの博物館は学校などの校外学習の場として「学校教育支援拠点」の役割も期待されてもいる。外来者に地域の魅力を理解してもらうための「観光拠点」の役割も期待されている。さらには住民に地域の歴史や文化を伝える，地域のアイデンティティを担う施設としての役割もある。地域に関わる専門家を擁する人材バンクとしての役割が大きい場合もあるだろう。海外観光客が増え，各地の文化や伝統を伝えるニーズが増えた近年，社会の期待と現実の博物館への条件付与にギャップが散見される。

こうしたさまざまな博物館の役割を効果的に社会の中で果たしていくためには，それぞれに必要な組織のつながり，人間のつながり，そして情報のやりとりが必要になる。どのようなつながり，ネットワークが必要になるかはそれぞれの博物館の活動のバランス，使命のあり方によって異なるだろう。これらの活動実態を評価するためには，博物館機能の多面性と館種の多様性[1]への理解が重要である。

3.1.2 博物館の社会的使命と活動

多様な館種の中で，その博物館の特性を端的に示しているものは何か。博物館の活動の目的を示す「使命書」，ミッションペーパーだろう。筆者自身が所属する自然史系博物館を例に示してみよう。

3章　自然史系博物館をとりまく重層的ネットワーク

自然史博物館の扱う資料は研究材料となる動植物などの生物標本，化石や鉱物などの地学標本といった自然科学系の資料である。展示で表現されるものには，進化や環境問題，生物多様性などのやや難解な側面と，生き物の魅力や自然の楽しさ，太古のロマンといった小さな子どもから楽しめる側面の両者を併せもっている。一般にはわかりやすい楽しい部分だけが伝わりやすく，展示施設としての印象が強いが，実際には冒頭に示したような多様な性格をもっている。こうした博物館の使命を，例えば大阪市立自然史博物館では5項目にまとめている。

> ミッション1．大阪の「自然の情報拠点」として自然史博物館の機能を発展させていきます

情報を一方的に送り出すのではなく，情報をもつ人たちが集い，交流する場であり，さらに情報の基礎となる資料が集まり，それを研究して価値を示す施設であることを示している。

> ミッション2．社会教育施設として，人々の知的好奇心を刺激し，見つめる学習の援助を行います

長期的に博物館の目的を実現するためには人材育成が欠かせない。地域において，自然に関する専門知識の担い手は，現在でも社会人のアマチュアが主体となっている。博物館はカテゴリーとして社会教育施設というだけでなく，こうした「社会に必要な基盤としての人材」を育成・供給しているという点において実態として社会教育施設なのである。

> ミッション3．地域との連携を促進してより広範な市民との
> 　　　　　　交流に努めます

　博物館は社会の中で機能するためには，単独ですべてをやれるとは思えないということを示している。詳しくは後述する。

> ミッション4．他の機関との連携を進め，ノウハウの交流に
> 　　　　　　努めます

　博物館は大学や試験研究機関など学術コミュニティの一部であり，他分野の博物館や図書館や文書館などと同じ社会教育を担うMLAの一翼を担う存在でもある。また，学校教育機関とも次世代の市民を育成するために協働が必要である。何よりも全国の博物館との連携，さらには海外の博物館との連携が将来の発展に重要な意義をもつ。博物館の連携は，さまざまな他分野のノウハウの習得にとどまらず，スタンダードをつくっていく効果もある。

> ミッション5．魅力ある効率的な博物館づくりをめざします

　適切な資金の活用など，博物館経営の全体的見直しを課題としてあげている。

　これらの使命書の背景にはいくつかの基本的な考え方がある。第一に，博物館が展示室の中で閉じているのではなく社会の中で機能するために活動をしているのだということ。第二に，博物館が単独でできることは少なく，周辺のヘビーユーザ（友の会やアマチュア）

やNPO，他の博物館や社会教育施設，学会や研究機関，学校や行政など多様な主体と連携することが重要なこと。第三に，博物館は，資料や学芸員の存在，研究面などで他の社会教育機関や研究機関とは異なるユニークな存在であるということ。自然史博物館は「地域の自然の情報拠点」[2]として地域において代替機関のない存在となっている。博物館はこのように，自らの社会的位置取りを使命書により規定し，活動を構築している。

3.1.3 実際の博物館活動と，インターネット上の活動

上記の大阪市立自然史博物館の使命の中でも，「情報拠点」や「連携」などの表現で多くの市民と関わる意思が示されている。踏み込んで言えば，社会の中で博物館がもつ価値を示し，その情報や知識を最大限に社会の中に活用するという意思表明である。博物館は実社会と関わりのない存在ではない。社会の動きや変化に対して，積極的に関わることが近年の学術機関の一つのあり方である。博物館もまた例外ではない。そのためには，実社会に博物館の知識を広げる必要がある。博物館の知識を社会に広めるという意義においては，近年のアウトリーチ活動とインターネット上でのコンテンツ公開は同じ方向性の活動である（情報発信のためとはいっても博物館の資源をそれらのみに注力することはできない。発信のためには研究や資料保全が重要な基礎となる。保存と活用のバランスを図ることが重視されるべきであることは言うまでもない）。

博物館のICTの現状やSNSへの取り組みについての実態についてはすでに2013(平成25)年博物館総合調査を元に2章で述べてきたところである。広報活動のためにSNSを活用する動物園・水族館などがある一方で，しばしば「ネット上に博物館のコンテンツを

出しても，来館につながらない」との声を聞くことがある。博物館の価値を見せるべきは入場料を払った来館者にのみ限るべきであると。インターネット公開によって来館者数が減少したという明確なデータはなくても，来館者の「特別感」のようなものは確かに減るのかもしれない。例えば，宗教的な意義をもつ展示物を扱う社寺の附属博物館などでは大切なことだろう。こうした事例は，インターネットへのコンテンツ公開は博物館のどのようなミッションに基づいているのかを検討することが大切だ。すなわち，来場者を最大化するためにインターネットを活用するのか，博物館が社会にメッセージを送るために積極的に活用するのか，あるいは来場者の展示室での体験価値を最大化するためにあえて抑制的に使うのか。どんな使命に基づいているのかによって，インターネットを手段としてどう使うのかも，ベンチマークとして何を重視するのかも，大きく変わる。

　社会に対して博物館のもつ情報，価値を積極的に示し，社会の中で博物館が必要な存在になることを目指すのであれば，それにふさわしいネット上での活動展開が自ずとみえてくる。観光拠点としての来場者数が最も重要な使命となっている博物館であれば，そのためのあり方が定まる。情報を出せばよい，SNSをやればよいのではなく，各博物館の使命によって活動のし方は変わってくる。

　しばしば鑑賞の空間として，「静かな，世俗から隔離された場所」としてのイメージが広がりがちな博物館ではあるが，実際には社会とのつながりをしっかりともつことが要求されていることも多い。そうした実社会の中での博物館の社会的な使命，まさにソーシャルなネットワークの中の位置づけは，インターネット上の活動と無縁ではないのだ。

3章　自然史系博物館をとりまく重層的ネットワーク

　本書は博物館にとってのソーシャルメディアのあり方を論ずるものではあるが，インターネット上の活動は，博物館のもつ社会とのつながり方，社会から博物館への要求，あるいは博物館自らの戦略といった博物館自身のもつ実社会のネットワーク構造の中での博物館の位置づけの反映である面が大きい。この章ではそうした問題意識のもとに個別事例に寄り添いながら，コンピューター上のネットワークにとどまらず背景となる博物館の活動や周辺コミュニティの構造を合わせながら検討を進めていく。

　具体的には，

① まず情報発信の基盤となる部分から考える。インターネット上のネットワーク構造を反映しているドメイン構造から，博物館のインターネット上での活動の「独立性」について議論する (3.2)。

② 次に，社会に発信できる資産として，何を博物館がもっているのかを示し，その現状を検証する。文化資源アーカイブス，研究機関，社会教育機関としてのさまざまなコンテンツ発信の状況を概観する (3.3)。

③ 博物館のもうひとつの重要なコンテンツである学芸員について，その情報発信力の重要性をSNSとの関係を含めて概観する (3.4)。

④ 博物館に関する発信はユーザが生成するものも極めて重要であることからこれを概観する (3.5)。

⑤ 博物館が発信したコンテンツを流通させるコミュニケーション活動としてのSNS，広報マーケティングとしての価値，ユーザコミュニティ形成について扱う (3.6)。

⑥ 最後に，博物館界全体にとってのSNSがどのようなインパク

トをもち得るのか，述べてみたい。

筆者の管見から科学系博物館，特に自然史博物館の事例が多くなっているが，内容的には多くの博物館に適用可能ではないかと考えている。

3.2 博物館ウェブサイトの URL タイプからみた博物館の情報発信の課題

日本の博物館総合調査[3]が示すように，博物館の実態は実に多様である。学芸員が一人も配置されず，行政の下部組織として運営方針や決裁を自らすることのできない博物館から，独立性の高い事業組織である独立行政法人になっている国立博物館まである。博物館と設置者（親組織）との指示命令系統，博物館側からみれば「独立性」は千差万別だ。公立博物館にも民間博物館にも同様の構造がある。

博物館の情報発信力は独立性と無関係ではない。博物館が情報発信に投入するコストを自己決定できるかどうか，情報発信活動の自由度と統制を博物館の論理でできるか，セキュリティコントロールと新規サービスのバランスをどうとるか，外部からみたときの博物館の独自性を出すのか設置組織との統一性を保つのか，などのさまざまな判断に影響するからである。もちろん設置組織が情報発信を強力に推進するケースもある。博物館としての情報発信の最適な形が，それぞれの博物館で異なること，リアルタイムな発信やコミュニケーションが重視されることなどを考えると，現場に近い場所での判断の方が好ましいと考えられる。しかし，それは設置する行政組織や，企業体の判断で決まる現状の情報発信体制とは必ずしも一

致していない。

　博物館の現在のインターネット上での活動はどの程度独立性をもっているのだろうか。まずは，その現状を2013(平成25)年12月に行われた「博物館の総合調査」の回答をもとに，発信基盤としてのURLから検討してみたい。インターネットの住所表示ともいえるURLはそのウェブサイトの組織における位置づけを示唆する要素があるからだ。

3.2.1　安定した情報発信基盤としてのURL

　博物館総合調査に回答した2,258館中，1,775館が自館のウェブサイトのURLを回答している。これを調査対象とした。URL (Universal Resource Locator)とは，インターネット上の文書（ホームページを記述するhtml文書など）の所在を示す記述方式である。今回の調査ではこの博物館ウェブサイトのURLを単独ページ型，独立ユーザ型，ディレクトリ型，独立ドメイン型の4つのURL型に分類し，解析を行った。

　例えば，大阪市立自然史博物館のウェブサイトのURLは，
　　　　　http://www.mus-nh.city.osaka.jp/index.html
(index.htmlは省略可能)であり，1つ目の下線部がホストサーバ名，2つ目の下線部がドメイン名と呼ばれる部分で，このドットで結ばれたフレーズ（FQDN）は大阪市立自然史博物館に与えられた固有のものとなる。通常，ドメインはネットワーク的に独立した1つのサーバ群に与えられる。このため，大阪市立自然史博物館の例では博物館が独立したインターネットサーバを管理していることを示す。館内に実際にサーバシステムをもっている場合も，クラウド上のレンタルサーバなどの場合もあるがここでは区別しない。これら

固有のFQDNをもつ博物館サーバを①「独立ドメイン型」と呼ぶことにする。

一方，きしわだ自然資料館のホームページは，

http://www.city.kishiwada.osaka.jp/site/shizenshi/index.html
で示される。下線を付したサーバおよびドメイン名は岸和田市役所のものとなっており，実際 http://www.city.kishiwada.osaka.jp/ にアクセスすれば市役所ホームページが開く。博物館で専有するウェブサーバはないが，二重下線部の「ディレクトリ」に示されるように，市役所サーバの site ディレクトリの中の shizenshi という領域（ディレクトリ）が自然資料館の専有部分となっている。ディレクトリの中のコンテンツは博物館に帰属しており，利用者からは博物館の管理コンテンツのまとまりが認識できる。ここではこれを②「ディレクトリ型」と呼ぶ。

博物館の中には，商用プロバイダ（ウェブサイト提供事業者）にホームページをもつ館もいる。例えば玄武洞ミュージアムの例がそれに当たる（http://www3.ocn.ne.jp/~genbudo/）。

プロバイダは商用や地域のインターネット提供団体等さまざまなケースがあるが，博物館はドメイン名が示すウェブサイト提供事業者の管理下にあるわけではない。プロバイダ上の博物館の専有領域は単なるディレクトリではなく，外部ユーザとして"～（チルダ）"という符号で示された独立のユーザディレクトリとなる。

ディレクトリ型同様に利用者からは博物館の管理コンテンツのまとまりが認識できるが，商用プロバイダでのサーバ管理者に対するディレクトリ管理権限は，サーバ管理者が設置者である先のディレクトリ型とは大きく異なっているので③「独立ユーザ型」として区

3章　自然史系博物館をとりまく重層的ネットワーク

別した。

　さらに，西宮市郷土資料館は，つぎのような URL で示される。
　　http://www.nishi.or.jp/contents/00002592000400048.html
サーバ，ドメイン名を示す下線部は西宮市役所のホームページとなっており，博物館は自らのサーバをもっていない。URL からは，西宮市郷土資料館のページは市役所がつくった文書の一つにしか過ぎない。実際にアクセスしてみると郷土資料館のページはいくつかの文書がリンクにより組み合わせて記述されているが，きしわだ自然資料館などのように「ディレクトリを専有」，というつくりにはなっていない。ユーザからはどこまでが西宮郷土資料館のコンテンツなのかは区別できず，西宮市役所のコンテンツとしか認識できない。上部組織のサイトの中の単独の文書の組み合わせで構成されるという意味で④「単独ページ型」とした。

　これら4つの形態はユーザから見えるコンテンツのまとまり，に大きな違いがある。サーバ管理，コンテンツ管理からみても博物館への権限分割が可能かどうかという面から考えて，大きな差が生じる。

3.2.2　URL タイプの分類結果とその傾向

　図3-1は「日本の博物館総合調査」に回答のあった URL のうち，不完全なものを除いた1,774件について上記4つのタイプに分類したものである。
　それぞれの型ごとに上位組織との関係を以下に整理した。
　①「独立ドメイン型」
　　インターネットサーバ管理を博物館で行っているケースといっ

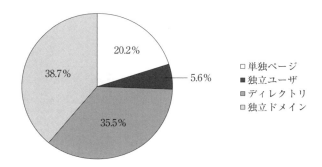

図3-1 博物館ホームページの URL による分類（区分は本文参照）

てよいだろう。レンタルサーバなどで管理コストを削れるようになり，今回の回答中では最大の 38.7％ を占めた。独立ドメインは，（上位組織でなく）博物館独自の URL で認知を広める上でも有利であり，また活動を継続している限りにおいては他に左右されずに安定した URL での発信が可能である。

　サービス運営の上でも博物館の独立性を保ち，適切な規模と機能をもったサイト構築が可能となっている。コンテンツの構成も原理的には博物館独自で決められる型である。

② 「ディレクトリ型」

　ドメインは設置者が管理するが，ディレクトリは博物館が専有しているこの型は回答のうち 35.5％ に登る。こうした場合，ディレクトリ以下のコンテンツの構成は博物館に任されている場合が多い。見かけはディレクトリ型だが，実際には CMS（Content Management System）が導入されており，単独ページ型同様，上位ホームページのコンテンツの一つとして以上の自由度はない，というケースも多々ある。が，外部からの判断が難しいためここ

3章　自然史系博物館をとりまく重層的ネットワーク

では区別していない。一定範囲内での更新や拡張の自由度があると考えられる。「単独ページ型」よりは情報発信の基盤条件としては良好だが，上位ディレクトリのもつポリシーや容量制限などが障害となりうる。また，戸田[4]が指摘しているようにサーバ設置者側がコンテンツをリニューアルする方針を決めると，ディレクトリ構成が変わってしまうケースも多々ある（単独ページ型に比べれば保持されやすいものの）。博物館独自のURLの安定性としてはやや揺らぎやすい面がある。

③「独立ユーザ型」

以前はこの型のホームページも多かったが，平成25年調査ではわずか5.6％であった。外郭団体の運営するサイトの独立ユーザ型も含めている。サーバにもよるが，コンテンツをどのように組み立てるか，という点においてはこの型の博物館には制約は（容量の上限や特殊なプログラムを使うなどの場合を除けば）比較的少ない。自由度は高い型である。しかし，URLで博物館を認知してもらうのは比較的難しいだろう。

④「単独ページ型」

上位組織の1コンテンツとしての発信である。設置主体がCMSを導入している場合にも多い。公立小規模博物館などに多いが，民間企業のギャラリー，社寺の博物館にもみられる。近年，自治体にCMS導入する事例が多いためか，全体の20.2％を占めた。

通常，行政機関や大企業の各部門が発信する情報は決裁などにより統制管理されている。個人情報の保護管理や，ウィルス対策などを厳重にした発信が必要だという側面もある。こうした場合，上位組織とのデザイン的な一体感は保たれ，市役所トップ

95

ページなどの新着情報に組み込まれて住民向けに発信がされる。その一方，博物館独自の情報発信は難しい。CMS を導入している例などでは数字の長く続く URL など可読性が低いこともあり，博物館ホームページ自体をアピールすることも難しい。今回の総合調査で URL の回答がなかった公立博物館にも，博物館固有のホームページをもたずに役所ホームページで情報発信しているところもあり，実数としてはこの型はもう少し多いだろう。セキュリティや管理上の手間は上位組織が担うことから博物館としては省力化できる。しかし，上位組織の基準がそのまま持ち込まれる場合が多く，ブログや SNS との連携が難しい場合も多い。

3.2.3 博物館の組織と URL 型

各 URL 型がどのような博物館で多いのか，保有学芸員数を元に検討してみたのが図 3-2 である。今回の回答のあった 1,774 件には学芸員をもたない博物館類似施設も多いことから，ややバイアスがかかっているが，学芸員のより多い博物館で独立ドメイン型，

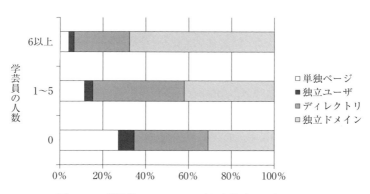

図 3-2　博物館の URL タイプと学芸系職員数の関係

ディレクトリ型が多い傾向が伺えた。学芸員がいないのにもかかわらず独立ドメイン型となっている館には観光向け，イベント向けなどでアピールを強めている博物館，サイトミュージアムなどが多かった。一方で複数名以上の学芸員がいるにもかかわらず，親組織のサイトの中の単独ページとしてしか発信していないケースも少なくない。6人以上の学芸員をもつものの本庁CMSの1ページとして運用している博物館も10館ある。これらは，市役所なり本社なりの組織としてのコンテンツ管理ポリシーを例外なく博物館にまで当てはめた結果であろう。しかし，こうした運営は学芸員を多数擁する博物館においては明らかに少数派であり，博物館の独自性，発信力の自由度を窮屈なものにしてしまっているという意味で「博物館の発信力を活かせていない」状況といえるであろう。

戸田[5]は博物館のURLの安定性を検討する中で，小規模館や企業博物館の中では自館の情報を設置自治体や企業の「お知らせ」欄など安定性の低い情報提供のみで提供していたケースも多く，安定性に問題があることを指摘している。URLの安定性は，その情報に確実にたどり着けることを保証するものであり，情報の発信の継続のためには欠かせない条件である。設置者も博物館も安定性に留意する必要があるはずだが，行政の発信するニュースの一つとしか扱われない状態では安定性を期待することは難しい。統治組織の機構改革やCMSのシステム変更，古いコンテンツの削除や移動など，URLに変動の生じやすい「単独ページ型」は安定性維持が困難であることが容易に予測される。

学芸員の多い大規模館に「ディレクトリ型」「独立ドメイン型」が増える状況は理解しやすい。組織が大きくなるほど，上位役職も配置され決裁権限が博物館に与えられやすい傾向になるだろう。こ

れに伴いウェブサイトの自主運営が可能になりやすい他，人的にもコンテンツの作成・維持コストを担うことが可能になるからであろう。

　とはいえ，URL から読み取れる博物館の独立性だけですべてを語れるわけではない。高槻市立芥川緑地資料館（2015 年より高槻市立自然博物館）（http://www.city.takatsuki.osaka.jp/rekishi_kanko/kanko/aquapia.html, http://www.omnh.net/aquapia/）などは本庁から用意されたのは「単独ページ型」だが，これに外部の SNS やブログを連動させ，「独立ユーザ型」あるいは「ディレクトリ型」に近い運用をしていた。この発信体制を確立するためには組織内でインターネット発信の自由度が必要という自覚と指定管理者制度をきっかけとした自主的な決裁体制の確立が必要であった。天王寺動物園もかつては単独ページ＋独立ユーザ型だったが，現在は「独自ドメイン型」に完全移行している。館園独自ホームページの認知度向上を求めた結果，独自ドメインへ移行するケースは多い。

　また，千葉県立の博物館・美術館は「千葉の県立博物館」（http://www2.chiba-muse.or.jp）というサイトに統一的に収納されている。これは，博物館による独自の管理とみることもできるが，個々の博物館や分館からすると，かえって独自性を発揮しづらい状況を生んでいるようにもみえる。県内博物館間の連携やコストを優先するか，館名（ドメイン名）のアピールなど独自性の発揮を優先するか，判断の難しいところだろう。

　独立ドメイン型でも課題はある。設置者（会社名や行政）のサブドメインになっている場合（例えば大阪市立自然史博物館 www.mus-nh.city.osaka.jp は大阪市役所 www.city.osaka.jp のサブドメイン）もあれば，設置者とは関係ないまったく独自の固有ドメインを取得して

いる場合などさまざまである。設置者のサブドメインを用いる場合は設置組織の一員（公立館であれば行政組織の一端であること）を示している。これは公的なサイトであることを示すことができ安心感を与えやすいという利点もあるが，アドレスが長くなってしまう傾向が強い。このため，覚えやすく入力もしやすい簡略な独自ドメイン名を新たに取得，運用している博物館（例えば兵庫県立人と自然の博物館 www.nat-museum.sanda.hyogo.jp から hitohaku.jp，大阪市立科学館 www.sci-museum.kita.osaka.jp から www.sci-museum.jp へ移行）なども増えてきている。また，近年では指定管理者移行を機に，行政のサブドメインから離脱を要求される場合もあるようだ。

　このほか，琵琶湖博物館（www.lbm.go.jp）は政府機関の go.jp を用いている。これは地域型ドメインなどが設定されていなかった時期の例外的な取得ともいえるが，ごく早期に博物館が独自にインターネットを開設・ドメイン取得した経緯を示すものでもある（しかし，2017 年 11 月，biwahaku.jp に移行することが示された）ドメイン名は通常安易な変更を避け，安定して使用されるべきものであり，情報の安定した発信のための基盤として維持することが望ましい。特に公共性の強い情報についてはこのことに留意すべきである。これは後述のアーカイブとの関係でも重要になってくる。

3.3　博物館がもつコンテンツをソーシャルに活用するために

　博物館は「情報発信」のためにウェブ上にコンテンツを提供している。博物館の普及教育活動にとって，かつてリーフレットを印刷し，あるいは出版物を発行していたのと同じか，それ以上の重要性

をウェブ上への情報発信はもっている。現代は「ウェブ上にない情報は使われない情報」とすら言われる。好むと好まざるとにかかわらず，知的探求の環境としてのインターネットは重要な基盤になっている。地域の自然，歴史，民俗など文化情報，知識を提供する場所である博物館が 21 世紀に活用されるためには博物館の知的活動の成果であるコンテンツをウェブ上に提供していく必要がある。SNS 上でもこうした情報資源・文化資源がネット上にあることにより，リンクを用いて引用することが可能となり，より多くの人がこれらの情報資源にアクセスするきっかけをつくることができる。まずは，こうして活用されるべき情報資源として博物館がどのようなコンテンツをもっているか考えてみたい。

3.3.1 学術成果物

　学術論文検索サイトを利用する人は，多少なりとも研究を行う人に限られているかもしれない。筆者がキノコに興味をもつ人 200 人にとったアンケートでも，学会やアマチュア研究グループに参加している人と，その他の人では論文（日本語，英語を問わず）を読むことが身近かどうかには大きな差があった。しかし一方で，CiNii や J-Stage，国立国会図書館サーチの検索結果の画面を見てみると，そこには Twitter や Facebook のボタンがついている。これは，論文を，ツイートなどに引用することにより，科学コミュニケーションに活用してほしいという意志の表れでもある。研究者向けの Research Gate などの専用 SNS も存在する。論文を Twitter のタイムラインに合わせて自動送出する「論文ったー」なる bot（robot の短縮形，略称。作業を自動化するプログラム）も存在するなど，一見縁遠く思える学術論文と SNS の距離は近い。うまく使えば，学

術成果物はSNSにおいても，より根拠のある内容を伝えるために活用できる情報資源である。

「博物館総合調査」によれば研究報告や紀要を作成している博物館は解答2,171館中502館，23.1％であった。これだけの博物館がオリジナルな学術成果を発表している。博物館は日本の学術界において重要な一翼を担う研究機関である。特に地方の資料情報においては，博物館が唯一の情報源となることもしばしばである。

しかし，これらの博物館の学術情報は，ネット上で検索，表示ができる状態だろうか。上記の502館中，研究報告・紀要がウェブで閲覧可能としている博物館はわずか101館であり，発行している博物館のおよそ5分の1程度である。このうち学術論文の検索サイトにかかる文献となるとさらに少数となる。例えば日本の代表的電子論文カタログであるCiNiiに2015（平成27）年7月時点で収録されていた論文誌7,735タイトルのうち，博物館が発行しているものはわずか19機関（機関名が変わったことによる重複があるので実質17機関）の55タイトル，であった（うち8件は大学博物館のもの）。公立博物館にいたってはわずか6機関の索引しか提供されていなかった。この一因は現在，市町村立の博物館研究紀要などが，国立国会図書館の雑誌記事索引に入力収集されないためである[6]。

筆者が2015年に自然史系博物館の学芸員44人に対してアンケート形式で自館の研究紀要の課題を聞いた調査では，「編集の労力負担」に次いで多かったのが「CiNii, Google Scholarなどの検索サイトにかからない」といった不満であった。回答者の中にはすでに研究報告・紀要をウェブ上で公開している博物館の学芸員も多いことを考えると「オンラインで読めない」「論文検索にかからない」はいずれもかなり大きな問題であるといえよう。査読者確保や編集労

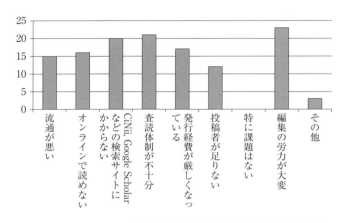

注：選択肢から複数選択で回答。縦軸は意見数。
図3-3 学芸員からみた博物館研究報告・紀要の課題

力を乗り越えて出版した成果物であれば活用してもらいたいという意識はより強い。

　研究論文は、多くの研究者に読まれ、引用されることも重要な指標の一つである。「オープンアクセス」な論文のほうが引用されやすい傾向がある[7]といわれる今日、博物館が研究機関として自己主張するためには所属研究者（学芸員）の成果をリポジトリなどで公開することも重要な課題の一つだ。歴史の長い博物館であれば、長い活動の間に多くの研究成果が蓄積されており、それぞれの論文は唯一無二の研究成果である。一つひとつはそれほど注目を集める論文でなくとも、その集積が博物館の価値を形づくる。しかも、それらはしばしば強い地域性をもっている。

　大学の学術情報については国立情報学研究所が公開に向けた支援をし、また公開された情報を集約するなどの支援をしている。ウェ

ブ上への発信が遅れている博物館からの研究成果情報はまだこれを全国的に統合する活動がみられない。図書情報における国立国会図書館，大学の情報発信における国立情報学研究所に相当する機関が博物館界に定まっていないことが原因の一つだ。この分野で先進的な活動を行っている団体の一つが，北海道自然史研究会（http://www.nh-hokkaido.jp，2015年7月確認）であり，道内の小規模博物館の許諾をとって，統一的にPDFによる公開を行っている[8]。個別論文のタイトルや著者などでの検索もできる。また「全国遺跡報告総覧」（http://sitereports.nabunken.go.jp/ja，2015年7月確認）は，発行部数が少ないために流通に課題のあった埋蔵文化財の発掘調査報告書を全文電子化して，インターネット上で検索・閲覧できるようにした"電子書庫"である。全国遺跡資料リポジトリ・プロジェクトによる長年の努力の末，各大学と各都道府県の文化財関係者の協力により奈良文化財研究所に情報を集約して公開をしている。

このように研究情報の統合には，これを積極的に収集し統合する中核機関の存在が重要である。科学系博物館であれば国立科学博物館というように分野別で行うのか，どこかが博物館情報を統合的に担うのか，あるいはJ-StageやCiNii，国会図書館等の既存機関での取り扱い拡大を図るのか，博物館関係者が議論を重ね主体的に努力していく必要がある。日本博物館協会は2013（平成25）年に国立国会図書館あてに「雑誌記事索引採録誌選定基準の改定等に関する要望書」を申し入れたが，今後さらに努力と対話が必要である[9]。

3.3.2 資料情報

博物館がもつコンテンツ資産のうち最大のものが，収蔵資料の情報だ。情報量としても，重要性からしてもこれが最大といえるだろ

う。これまでは資料を，学芸員をはじめとする研究者が読み解いて整理し，それを展示や論文に編成してコンテンツ化してきた。しかし，限られた人数の学芸員による研究利用だけではなかなか活用が進まない部分もある。このため，標本情報を外部研究者の利用に供することもまた重要になっている。

　博物館資料は公共財として，アクセスを確保するべきだとされ[10]イコム（ICOM：国際博物館会議）職業倫理規程にも「博物館とその収蔵品が適切な時間帯に一定の期間すべての人に公開されることを保証すべきである」[11]と明記されている。資料の保存などへの配慮の必要から，現実的にはデジタルアーカイブによる公開が推進される。公開の原則は「自然史系博物館のためのICOM博物館倫理規定」にも明記される[12]。

　過去の調査からデジタルアーカイブ化の動きを見ると，年を追って確実に電子データ化が進み，現在ではすでにおよそ半数の博物館で資料目録が（一部でも）電子化されている一方，外部データベースへのデータ提供はわずか2.6％にとどまっている。こうした状況では研究者も含めほとんどの人がまだまだデータの存在に気がつかず，「活用」できないであろう。データベースは利用のされ方を意識した公開が重要である。

　資料の公開は，いわゆる研究以外の用途での利用を含む場合もある。近年ではさまざまな文化資源が思いもよらない活用の「素材」として利用されつつある。街の観光資源マップ，館内ガイド用の情報端末などに標本情報を送り込む手法に，資料それぞれに属性データを伴わせてRDF形式で公開するリンクト・オープン・データ（LOD）を利用するものがある。この波は徐々に博物館にも押し寄せつつある[13]。横浜アートLOD（http://yan.yafjp.org/lod，2015年

7月確認)やLODACなどさまざまなプロジェクトが進行をみせている[14]。LODはXMLによるタグが付いたRSS形式での配信であり，従来技術の延長線上にあるともいえる。LODの重要なキーポイントは技術よりも権利処理にあるのではないだろうか。利用者がそのデータをどのように利用・加工などができるのかを明示するクリエイティブ・コモンズなどの著作権表示が前提となる。博物館資料を社会の資産として活用するためにはCC-BY（著作者明示を前提に，商用，加工しての利用を含めて利用可能）などを宣言したオープン・コンテンツにすることが欠かせない[15]。

そもそも，LODはプログラムを介して，多くの博物館の資料情報を統合し，活用することで価値の出てくるシステムである。文化遺産オンライン（http://bunka.nii.ac.jp/, 2015年7月確認）などは拡張性も大きく設計をされており，全国横断的な重要資料の公開事例として参考になる。

自然科学分野でこれに相当するものとしては国内所蔵の分類学的な基準標本，タイプ標本のデータベースJTYPES（http://foj.c.u-tokyo.ac.jp/jtypes/index-j.html, 2015年7月確認, 2018年7月現在は停止中）や自然史系博物館の生物標本情報を統合するGBIF（地球規模生物多様性情報機構）がある。JTYPESは博物館のみならず大学・研究機関までもカバーした，分類学会連合主導の試みである。規模の面では比較的順調な成長をみせているのが，GBIFである[16]。各自然史系博物館には研究に活用された多くの標本が保持されている。これらの情報を統合して公開することで国内の生物多様性保全や研究に役立てることを目的としたもので，国内の65機関が提供する334万件が統合され，日本語でのサービスに提供されるとともに，4億件を超える世界規模のデータベースに統合され研究用に提供さ

れている（JBIF パンフレット http://www.gbif.jp/v2/pdf/GBIFpanf.pdf, 2014 年 7 月確認）。これらは学会の協力や，博物館同士の協力・連携，さらにはプロジェクトとしての後押しがあって実現している。GBIF は自らの使命を「生物多様性情報を提供する世界随一の情報発信源となり，環境と人類の福祉に役立つスマートソリューションを提供する事を目指します」として定義することで各博物館にデータ送出の意義をわかりやすくしたことで成功している。さらに，日本の GBIF の事務局役として国立科学博物館がデータベース化の支援ツールや研修機会を提供するなど，各博物館学芸員の公開を後押しする体制をとっている。こうした取り組みで，博物館からのデータのアウトプット・チャンネルとして機能している。

今後，これらの巨大なデータベースを博物館学芸員は提供だけでなくどのように活用していくのか。データプロバイダーである博物館は，その維持と発展のために利益享受者でもあるべきだ。大規模データベースを活用していくためには地理情報や統計，インフォマティクスといった旧来の学芸員がもっていなかったスキルが要求される[17]。データベースの構築とともに研修などのエンパワメントをさらに行っていく必要がある。また，オープンデータ化を含めた利用条件の明示[18]，利用のモデル開発，インセンティブなどの仕組みも検討していかなければならない。

アメリカの iDigBio プロジェクト（https://www.idigbio.org, 2015 年 7 月確認）などの海外の自然史系博物館ネットワークではさらに強力にデータベース化を進めており，デジタル化のための博物館への NSF の支援ファンド，無償のさまざまなデータベースツール，手厚いサポートと研修などのパッケージができあがっている。加速度的にプロジェクトを推進すると同時に市民への標本の意義などの

理解醸成を図り，活用面としてのコンテンツ化の重要性を強く意識している。このため，地図や画像などのビジュアルでの提示，標本のデータだけでなく高精細の写真や3D表示などを充実させている[19]。また，こうしたプロジェクトではデータ登録作業にもオンライン・コミュニティの支援を得ている。例えば，支援者は自宅で，公開されたラベルデータを読み取り，データ入力をして貢献する，というものである[20]。

　これらの取り組みは，各博物館の努力の積算で巨大なネットワークができた，というわけではない。それよりも，中核となった機関が魅力的で社会的意義のあるアウトプット・チャンネルを設計し予算獲得に成功，強力にプロジェクトをすすめることで各博物館の支援と活性化に成功した，と理解すべきであろう。文化遺産オンラインやGBIFは確かに巨大なデータベースである。それでも，参加館数からは日本のごく一部の博物館が参加しているネットワークにすぎない。文化資産を活用していくためには，国家レベルでの博物館政策による強力なプロジェクト推進が必要，とみることができるだろう[21]。

　各自然系博物館は科学的重要標本もさることながら文化的にも注目度の高いコレクションを保有し，その情報を積極的に公開している。

　例えば，国立科学博物館の南方熊楠菌類図譜を始めとする博物図譜（http://www.kahaku.go.jp/research/db/zufu_db/），大阪市立自然史博物館の木村蒹葭堂コレクション（http://www.mus-nh.city.osaka.jp/collection/kenkado/）などだ。気軽に見せることができない重要標本の公開には，特にウェブなどデジタル技術の活用とそれを集約して検索させる仕組みづくりが重要になっている。

3.3.3 アーカイブ化された博物館活動

　過去の特別展情報なども重要なコンテンツだ。特別展開催時には集客のためにもさまざまな情報がホームページ上に公開されるが，多くの場合，それらの情報はすっかり削除されてしまう。過去のものであってもそれぞれ特定のテーマのもとに編まれた特別展にはコンテンツとしての重要性がある。たとえ，公開の終了した展示であっても，特別展開催時にはどのような展示品があり，どのような講演会が組まれたのかなどという情報がウェブに残っていれば，テーマに興味をもつ人には時に大きな手がかりを提供するだろう。博物館が最も得意とするこうした大量の情報の保持は，しばしば外部管理者からは理解されない。行政機関内部などにサーバを置く場合，古い書類同様に，古いコンテンツはたとえサーバの容量に問題がなくても消去されてしまう場合がある。こうしたコンテンツ管理はアーカイブを基本とする学術情報とは相容れない側面がある。アーカイブすべき対象には特別展だけでなく，講演会やシンポジウム，野外行事，学校利用等さまざまな活動の記録が該当する。

　特に，学芸員の行う講演会の映像アーカイブや発表資料は重要なコンテンツになりうる[22]。コンテンツを蓄積し，モノだけでなく情報についてもアーカイブとして発信する仕組みがほしい。梅棹[23]の「博情館」のイメージを真剣に追求する必要がある。標本だけでなく，情報をいかに蓄積するか，という点に博物館はもっと留意するべきである。本稿では十分に扱えないが，古い写真や動画，録音なども博物館の重要な資料であり，コンテンツとしても有用だ[24]。また，地域のイベントや歴史の記録に注力することに比べ，博物館は自らの記録に関し留意が不足しがちであることも指摘しておく。

アーカイブ化を考える上では 3.2 で述べた「③単独ページ型」のウェブサイトは困難な面が残る。博物館の催事情報などを保存することが難しいだろう。博物館における古いコンテンツの価値は行政文書としての価値ではない。行政判断任せのウェブシステムの中では保存，アーカイブされることは難しい。

以上のように博物館にはソーシャルに活用できる「素材」が数多く詰まっている。これらの中にはそのまま「コンテンツ」として十分活用できるものも多いが，引用してストーリー化して語ることや，再編して活用することより，多くの人に届く，社会の中で活用できるものになる。佐藤[25]は博物館資料から情報をひき出すためには時に「博物館を使いこなし，展示やモノから情報を読み取る力」が要求されるという。利用者側の能力と同時に博物館の仕掛けもまた重要である。ストーリーにした語りこそがオフィシャルなアカウントや学芸員，または外部の専門家によるツイートであり，再編して活用する仕組みの一つが外部利用者がプログラムにより機械可読なデータとして用いる LOD である。

3.4 学芸員の発信の重要性

ユニバーサルサービスである図書館と異なり，博物館は個性的な施設である。何が博物館を個性的たらしめるかといえば地域性であり，収蔵品であり，それらの価値を読み取り社会に知らせる専門性や経験をもつ学芸員の個性である[26]。学芸員による情報発信は観察会や講演，ギャラリートーク，質問への対応から著作や論文を通じての発信までさまざまであるが，記名で発信されることが基本だ。論文など完成品でのアウトプットも研究者として大切だが，学芸員

の教育的役割からいえば自然科学探求の「プロセスを見せる」こともまた非常に重要になる。

博物館総合調査ではSNSの広報への利用を実施している館は24.6%（2,258館中555館）であった。この数字はウェブサイト（ホームページ）による広報を行う86.4%（1,950館）に比べるとまだ少数派ではあるが、メールマガジン14.6%（329館）に比べると大きな伸びがみえる。メールマガジンは2004（平成16）年の12.1%の利用からほとんど伸びていない。SNSの手軽さが利用を伸ばしているのだろうか。学芸系職員の人数別にSNS活用を図3-4に示す。

学芸系職員の数により活用率は上昇している。他の博物館活動同様、SNSという新規サービスには（少ないとはいえ）労力がかかることから学芸員の数に応じて活用されていると解釈することもできるが、学芸員という博物館の最大のコンテンツの厚みがました結果として、発信が促進されたと解釈することもできる。SNSという発信者のキャラクターが見えやすいメディアにおいては利用者にとって顔（専門性）の見える学芸員の存在が、博物館への信頼を高

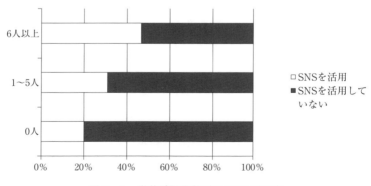

図3-4　学芸系職員数別のSNS活用率

めることにつながる。学芸員を前面に出すことで，博物館の活動への理解を醸成することもできる。学芸員が研究の「プロセスを見せる」ことも教育上重要な活動である[27]。ある意味博物館という機関においては研究の過程を魅せることでもあり，Behind the Sceneの公開でもある。こうした活動は欧米でも大きな広がりをもっている。2017年トランプ大統領がパリ協定離脱や天然ガスパイプラインの推進に先立って環境局や国立公園，及び関連研究者の情報発信を止めようとして大きな反発を受けたが，これは研究者のSNSによる発信のもつ影響力の大きさを物語るエピソードでもある。

3.4.1　学芸員の情報発信の実際

　大阪市立自然史博物館では博物館と自然科学・研究活動といった学芸活動の発信の一端として，以前から学芸員のブログやSNSの利用を進めている。博物館の活動への社会の理解の形成には学芸員の日常の活動を理解してもらうことが重要だという考えから，これを推進する方針をとっている。

　学芸員のつぶやきにはさまざまなものが含まれる。次に大阪市立自然史博物館学芸員の個人アカウントに含まれる要素を列挙してみた。

自然史系博物館学芸員のつぶやきの主な内容

> ①調査や観察会で見た自然の営みのメモ，②質問・取材対応や標本調査などで気づいたこと，疑問に思ったことのメモ，③研究論文や学会発表の面白い研究の紹介やコメント，④ニュースなどで話題になった自然科学報道の背景になるような研究紹介，⑤博物館活動の状況，特にイベントなどの準備状況，⑥イベントのいわゆる実況中継，⑦自館の広報的内容，⑧他館の関連分野などのイベント広報，⑨博物館学芸員のた

めの知識共有，⑩その他，⑪アマチュアや外部研究者とのやりとり

　各学芸員によってそれぞれのバランスは違うが，研究活動・博物館活動に関連したものが主体となっている。分類しづらいものもあるが，①〜④を研究関連ツイート，⑤〜⑦を博物館関連ツイート，⑧〜⑩をメモ，⑪をコミュニケーションと分類し，当館の3人の学芸員の2014(平成26)年6月の1カ月のツイート合計約350ツイートを分類してみたところ，いずれも専門領域関連のつぶやき（自分の調査の進み具合，どんな生き物を目撃した，調査中の観察写真，印象など）が最も多かった（図3-5）。ことさらに研究活動をアピー

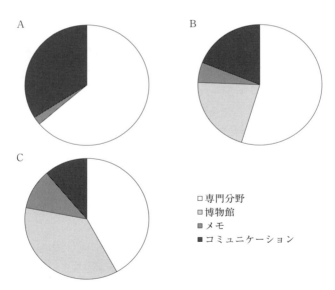

図3-5　大阪市立自然史博物館の学芸員3名の公開ツイートの内訳

ルすることではなく，どんなことを調査しているのか，どのようなものに目を留めているのかといった，学芸員の興味の目線に触れてもらうことが大切と考えている。

　日常の中にひそむ自然の面白さ，調査の日常などに興味をもってもらうことから，科学が生まれる現場を紹介することを目的としている。標本そのものの写真を掲載することもあれば，できあがったグラフや論文をつぶやくこともある。いずれも学芸員の生み出す研究のタネであり素材である。つぶやき一つひとつが博物館の小さなコンテンツとなる。これらは学芸員自身が将来展示や論文などの大きなコンテンツに加工していくための素材ともなっている。

　もちろんつぶやくだけでは研究者ではない市民に背景まで知ってもらうことは難しい。学芸員のホームページやブログなどとの組み合わせた情報提供が必要な部分もある。自然科学研究の意義だけでなく面白さを伝えていく取り組みとして学芸員が水先案内人になり，身近な自然をリアルタイムに切り取っていく。実体験に比べると非常に薄い経験でしかないかもしれないが，それがリツイート，シェアされながら数千人に広がっていく意味合いは大きい。ネット上のユーザに向けて，博物館側が発信するこれらの情報は，科学コミュニケーションの一翼を担うものである。科学系博物館の学芸員が担う役割は展示場以外でも大きなものがある[28]。サイエンス・カフェなどでの科学コミュニケーションと異なり，ネット上の博物館コミュニティともいえるSNSやメーリングリストにおいては，情報の「発信者」は博物館や学芸員だけではない。市民がさまざまな発見や議論をしており，学芸員は，それらの発見にコメントしたり，修正をしたり，またリツイートして広めたりする役割だ。学芸員は面白い発見には応援をし，記事に書いたりすることをすすめ，断片

的な情報でも博物館に提供していただいて調査に活用するなどしている。市民が発信者で博物館側が受信者である場合も多いのだ。双方向コミュニケーションであるSNSにおいては，情報を受けとめる能力も必要とされる。学術情報のコミュニケーションのためには，学芸員などの専門スタッフの介在が重要になる。このように市民を科学の発信者として，また博物館の支援者として協力を得ることによって，より広い市民への情報発信ができる。

　つぶやきには学術論文の引用も多い。一般人に比べ学芸員は講演や展示制作，文章の執筆に先立って学術論文に当たることもはるかに多いだろう。前述（3.3.1）のように多くの論文などの学術成果情報がネット上で見つかる。そんな論文の中には日本語で書かれた，多くの人の興味を引き，学術的にも教育的な良い論文がしばしばある。学芸員が，興味をもった論文，参考になる文献などを簡単なコメントとともに紹介することで，ネット上に提供されている学術資源は一般の人たちにとってより身近な学術への入り口になりうるのだ。ネット上にない文献の紹介もまた重要だ。興味をもったアマチュアや若手研究者のネットのみに限られがちな視野を広げる効果があるからだ。論文などは十分な説明が難しい短文のSNSの信頼性や内容を補う効果もある。学術成果情報が社会の「公共財」として蓄積されたものであれば，これを活用した情報発信は公共財へのアクセス性を保障する重要な活動となる。博物館の学術資源の公開整備とそれを活用した学芸員の活動は車の両輪でもある。

3.4.2　社会と博物館をつなぐ学芸員のつぶやき

　同様に他の博物館の展示や書籍，報道なども学芸員のつぶやきの素材になる。専門的視点に立脚した学芸員のキュレーション活動

が，いつのまにか博物館の見えないところで知らない収蔵品に対して行われるのではなく，(すべてではないにしても) 市民から見えるもの，知っているものに対してもなされ，プロセスを可視化していくことで博物館の社会からの信頼，ひいては学術への信頼に近づいていく。

　畑田らは「自然史系博物館は生態学と社会を繋ぐ橋」[29]と表現した。これは生態学に限らず，大学に比べはるかに市民にとって敷居の低い場所であり，そこに専門性をもった職員がいる博物館には本来，こうした学術と社会をつなぐ役割がある。その中で学芸員が日常の風景や学術資源，報道などについてのコメントを市民に対して発信していく営みは，学術と社会をつなぐ行為でもある。

　2017(平成29)年4月，Twitter上で「#学芸員のお仕事」というハッシュタグが大きな広がりをみせた (https://twitter.com/search?q=%23学芸員のおしごと，2017年4月確認)。現役大臣からなされた問題発言をきっかけとしたものであったが，学芸員が多様な仕事を担う専門職である実態を各地の学芸員が積極的に発信をすることで社会からの博物館と学芸員への理解を形成することを狙ったキャンペーンとなった。このキャンペーンは報道などにも取り上げられ，SNSを用いて個人として発信する学芸員の広がりを社会に示すものとなっていた。アメリカでは全米博物館同盟（AAM）が「#museumsadvocacy」のハッシュタグを用いて，博物館をめぐる問題や政策提言を博物館関係者や加盟博物館に発信を積極的に促すなど，さらに強力で多様な展開をみせている。

3.4.3 個人による発信のメリットとリスク

　個々の学芸員の勝ち取った信頼は総体として博物館の信頼となる。信頼の構築の結果，公式アカウントも信用され，さらにはコミュニティの構築へとつながっていく。このため，個人の発信をも博物館として視野に入れることが必要になる面がある。3.4の冒頭に述べたように，博物館の「個性」の重要な部分を学芸員という個人が担っている。上述のような個人の研究対象や社会減少への専門家としてのスタンスを活かすためには，マニュアル化や決裁などの公式発信的な規格化は難しい面がある。どのような発信が好ましいものとして社会に受容され，あるいは（ネット用語でいうところの「炎上」として）議論を巻き起こすものになるかは，しばしば予測の難しいものがある。過剰に議論の対象となることを好まない職場文化がある場合にはSNSによる発信が敬遠される一因にもなるだろう。

　では，個人による発信ではなく，組織による発信に統一すればよいのだろうか。表3-1に大阪市立自然史博物館のオフィシャルアカウント及び学芸員4人の個人ツイッターアカウントのフォロワー数

表3-1　大阪市立自然史博物館のオフィシャルアカウントと学芸員4人のフォロワーの重なり（類似度指数）（2017年8月時点）

Twitter	大阪市立自然史博物館	学芸員A	学芸員B	学芸員C	学芸員D
フォロワー数	6,521	2,150	2,748	1,977	423
大阪市立自然史博物館とのフォロワーの類似度	ー	15.0%	19.5%	12.4%	5.8%

＊例えば，博物館と学芸員Aの類似度指数は，$\dfrac{2 \times 651}{6{,}521 + 2{,}150} = 0.1503$

及びオフィシャルアカウントとの類似度指数（共通フォロワーの割合）を示した。類似度は5～20％程度にとどまり、例えば学芸員Aとの共通のフォロワーは651人（オフィシャルアカウントの10％、学芸員Aの30％）にとどまっている。学芸員間の類似度も15～30％程度となっている。各学芸員が多様にツイートすることで、オフィシャルアカウントだけでは獲得できない多くのフォロワーを得ていることがわかる。博物館がより多くの人に情報を届けるためには、学芸員が個性あるツイートをすることが必要であることが示される。

　もしも学術情報や博物館活動の発信を控え、専門性をもった学芸員の発信力を活用しないという選択をするのであれば、博物館がその魅力を自ら放棄することと同義である。では、リスクをどのようにヘッジするか。各学芸員がツイートをする際、「個人情報保護」への配慮や「業務上知り得た秘密」の保護は当然必要としても、具体に何がそれに当たるのかと考えると簡単に答えは出ない。例えば、開催予定の特別展の準備状況や自身の研究の進捗について、どこまで書いてよいのか。観察会で参加者が見つけた面白い発見について、本人の同意のもとであってもどこまでOKなのか。こうしたことも含め、SNSの特性とリスクを理解した上でバランスある発信をどのようにすることができるか、組織内部で正面から検討することが必要だ。本人も組織も、周囲もSNSやウェブ上の反応の特性などに理解をしておくことが重要だろう[30]。SNS発信のための基礎的なリスクを考える研修や日常からの内部議論の積み重ね、トラブル発生時の対応手順などの想定が重要になる。これらは学術機関が社会発信をし、対話をする現代においては博物館だけでなく大学や研究所も直面する課題だ。SNSに限らず必要な体制といえよう。

学芸員は資料と博物館に関する専門性を背景に発信を行う。その発信は「博物館関係者の行動規範」[31]や「科学者の行動規範」[32]、そして博物館の活動方針にも影響される。例えば、科学者としての行動規範は、職場での振る舞いだけでなく、研究者の日常もある程度規範している。学芸員による発信も、博物館所属であることを明らかにした発信をする以上、本人の休日などに行っていてもまったくの匿名個人で行う発信とは異なってくる。

　何に気をつければ大丈夫ということはないかもしれないが、①多様な価値感の市民に向けた発信であること、②情報の受け手は博物館や学芸員、あるいは専門性について十分な理解があるとは限らないこと、③転送などがされることで、情報の受け手は会話の文脈や、発信者の属性などへの理解が伴わない場合があること、などには留意する必要があるだろう。過度にセンセーショナルな文言や画像には留意しておく必要がある。発信手段は手軽とはいっても、マスコミ対応や通常の市民への質問対応の延長線上として考えることで、市民対応に手慣れた博物館であれば通常は十分に対処できるであろう。SNSによる発信を館全体の課題として共有することはトラブル対応のためだけではない。継続のためにも組織でSNS発信のあり方への合意形成が必要となっている。日常からの情報発信の積み重ねは、博物館の理解者を形成し、トラブル発生時にも対応がしやすくなる。外部への発信だけでなく、内部への情報流通、合意形式、発信も当然重要である。

　ここまで、博物館を社会の中に位置づけ、「社会」に向かって情報を発信し流通させるためにどのように素材を用意し、それを発信する上での学芸員の役割を述べてきた。しかし、「社会」は均質ではない。博物館が顔として専門性や個性をもたない存在では信頼を

勝ち得ないのと同様,「社会」の側を,誰か顔のわからない存在として扱っていてはなかなかコミュニケーションが成立していかない。次節では,社会の側を扱っていく。

3.5　博物館ユーザによる情報発信

　博物館について情報発信をするのは博物館職員,学芸員だけではない。ユーザ発信型の情報の重要性は近年ますます大きくなっている。例えばFacebookやTripAdvisor（https://www.tripadvisor.jp/, 2017年5月確認）さらにはGoogleの検索結果などにも口コミ情報や評価が掲載されている。レストランや本,通販商品と同様に,博物館への来館にもユーザ発信による評価は無視できないものになっている。マーケティング的な側面は別に検討するとして,本節では博物館の情報発信にとってのユーザによる情報発信の重要性について検討する。

　博物館の展示やウェブコンテンツが博物館からの1次情報とすれば,この情報がユーザにより2次的に発信されることで,より広い人の手元に情報が送り込まれることになる。本間は,博物館の活動を社会の中に拡散する仕掛けとして,SNSやブロガーの活動が重要ではないかと指摘している[33]。例えば特別展で良いコンテンツが展示されていても,広報が十分でなければ多くの人はそれを知らないままとなってしまう。このため,大阪市立自然史博物館では特別展に際し「ブロガー向け内覧会」を開催し,また展示室においても可能な限り,写真撮影OKとし,イベントや特別展のハッシュタグを定めて,積極的なSNS発信を来館者にも呼びかけている。例えば2016(平成28)年夏に開催された特別展「氷河時代―化石でたど

る日本の気候変動―」では，把握した限りでも700点近いツイートがあった。博物館からの発信はその半分にも満たない。ただ，来館者アンケートを見る限りではSNSを見て来場した，という回答は5％程度と決して多くはなかった。

　実際，2015(平成27)年の博物館総合調査では特別展などのブロガー向け内覧会を実施している博物館はわずか3.6％にとどまった。取り組んでいる館も少ない上に，「広報効果のあった手段」としてSNSを上げた館はわずか6館，ブロガー内覧会は1館のみであった。有用な手段として「プレス」(714館)，「自治体広報誌」(310館)が認知されている現状であり，博物館現場のSNSへの広報面での手応えは決して大きくないようだ。総合調査のアンケートからでは本間の指摘を検討するようなユーザのSNSによる情報の広がりを実証する十分な材料は得られていない。

　博物館の展示をSNSで発信できるようにすることは経営的な目的だけではない。来館者が博物館で見つけたこと，驚き，など体験をつぶやき，他社と共有することは来館者自身にとり，表現による満足感の向上や，体験や学習の定着にもつながる。さらに，呟いた来館者の友人にも，その満足が伝わるということも大きな利点だ。SNSで，という回答は少ないが，少なからず友人の発信が「友人の口コミ」にも含まれているのではないだろうか。

　来館者のつぶやきは博物館にとって大きなフィードバックとなる。他の博物館の試みについてのつぶやきも含め，SNSは博物館の運営・経営上の重要な参考情報になるだろう。

3.6 広報からコミュニケーション，コミュニティ形成へ

3.6.1 マーケティングとSNS

　博物館を囲む社会にはさまざまな人がいる。子ども，青年，社会人，シニア，女性などなどの属性から，近隣住民，観光客，外国人，さらに低所得者や障害者など配慮や支援を必要とする人々もいる。マーケティングはこれら市民のニーズを掘り起こす作業だ。

　セグメント化してターゲットを定め，訴求力のあるアプローチを試み，顧客満足度を上げる活動はこれまでも博物館で行われてきた[34]。こうしたセグメント化は，マスを対象とした潜在顧客を掘り起こすためのターゲットマーケティングの段階である。博物館は知ってもらい（認知），一度来てみたいと思ってもらわなければ（興味・関心）なかなか機能が発揮できない。教育機関として，まず接点をもつことが重要でもあり，このためにウェブ以外の手段をふくめ，さまざまな広報活動が展開され，その一つとして公式アカウントによるSNSを利用したメッセージングがなされる。

　SNSはなぜ広報活動に利用されるのか。小川ら[35]は，企業などの組織によるSNS利用の日米比較調査から，企業などがSNSを利用する目的としてもっとも多いものが製品や組織からのアピール，情報提供などであるという。Fletcher&Lee[36]の調査によっても，アメリカのミュージアムのSNSの主要な利用目的は広報である。博物館総合調査の結果でみれば主要な国の博物館施設での広報を目的としたSNS利用も立ち上がりつつあるようにみえる。SNSマーケティングの指南書は非常に多いが，博物館に関わっては他のマーケティング手段と比較して主な利点が3つほどあるのではないか。

1つはセグメントマーケティング，ニッチマーケティングに適していること。ホームページ上のバナー広告や検索エンジンなどのSEO広告などが不特定多数へのアピールとすれば，TwitterやFacebookページなどは，固定顧客層への効果的なアピールとなる。有料広告としてセグメントを絞り込んだ広報もできる。自社の製品や活動を提示することで，それに応じた興味から「フォロー」や「いいね」を獲得することで，CRM（Customer Relation Management）に近い顧客への価値提案とニーズの掘り起こしと顧客とのつながりの構築が可能となる。さらに，これらのつながりができれば，SNSは継続的に情報を自動的に登録者の端末へと送むことができるPUSH型のメディアでもある。従来のホームページやブログと異なり，登録しておけば新鮮な情報が常に持ち歩いているスマートフォンなどに届く，この登録した人の懐深く入り込む情報配信のリーチの良さがマーケティング活用を促進している。登録者らは商品（博物館であれば展示やサービス）に関心をもった有力なファン層であり，近い将来の潜在顧客である。こうした層への情報提供でリピート利用を促すことはセグメントマーケティングとしても効果の高い手法であろう。

　2つめは口コミメディアとしての特性である。SNSは興味や交友関係で結びついたネットワークとなっている。博物館の活動に興味をもっている顧客がいれば，その周辺にも多くの潜在的な顧客が期待できる。このため，博物館が固定的なファン層をもっていれば，このファン層に情報提供をすることで，そこからシェア，リツイートなどを介して口コミ的に広がる効果が期待できる。博物館がニッチな興味に対応する講座などを行う場合，こうした口コミは重要だ。

3つめは分析が可能な点である。SNSは広報効果が新規フォローの獲得数，クリック数，リツイート数などの実際の数字として測定できるところもまた，企業利用が進む所以であろう。ミュージアムにおいてもリピーターの確保は重要な課題である。これは営業面でも重要だが，博物館の周りに博物館のメッセージを受け取るファン・リピーター・ヘビーユーザとして顧客を創造していくためにも重要な観点である。

魅力的なメッセージ発信，顧客に寄り添った発信のためには前提として自社の製品・顧客をどれだけ熟知しているのかが重要である。博物館の場合にはどれだけ自分の館の魅力を把握しているのか，どれだけ自らの来館者を理解しているのか，発信を行う担当職員一人ひとりが問われることになる。組織としてのメッセージを明確化し，職員間で共有できているか。未開拓の顧客に向けたマス・マーケティングでは特に，スタッフ一人ひとりの博物館人としての充実，つまり組織力が問われてしまう。継続的なメッセージ発信では「装う」ことは難しい。

3.6.2　博物館コミュニティの構造

ウェブや展示場やイベントなどで博物館に興味をもってくれた市民は，博物館のファン，リピーター，ヘビーユーザ，あるいはボランティアやサポーターなどさまざまな形で博物館の周辺に存在している。こうした市民は博物館のメッセージをしっかりと受け止めてくれる存在であり，教育活動の重要な対象者でもある。博物館の教育活動には，SNS発信が行われる以前からこれら市民のさまざまな形での組織化が重要視されてきている。近年博物館周辺に形成されたSNS上のコミュニティの基礎として，あるいは比較対象とし

て，まずは簡単にこうした伝統的コミュニティをみておきたい。

博物館の「友の会」は1973(昭和48)年に交付された「公立博物館の設置及び運営に関する基準」に関連する文部省通達で「博物館資料の研究者や愛好者からなる，いわゆる『友の会』などを組織して，継続的に博物館の利用を促進する等の方途を講ずることが望ましい」とされた博物館の公的な活動の一部である。現行の基準及び通達には「友の会」に関する文言は特にないが，各地の博物館に友の会コミュニティが築かれている。単なる年間割引制度でなく，豊かな学習活動を伴った地域密着型コミュニティとして発展している例も多い。十日町市博物館友の会や新潟県立歴史博物館友の会，鳳来寺山自然科学博物館友の会，倉敷市立自然史博物館友の会や伊丹市昆虫館友の会，大阪市立自然史博物館友の会など考古や自然系分野で特に活発な活動がみられる[37]。

また，近年ではボランティアを導入する博物館も多くボランティアの担い手からグループが形成される例も江戸東京たてもの園[38]など少なくない。また，滋賀県立琵琶湖博物館の研究サークルフィールドレポーターや「はしかけ」など[39]，友の会とはまた異なる博物館のコミュニティ形成もみられる。こうしたコミュニティは100名前後から，大規模な者では数千人のコミュニティになっている。

こうした，比較的メンバーシップ制度のはっきりしたコミュニティに加え，メーリングリストなどウェブ上のコミュニティ形成も1990年代後半以降進んでいる[40]。SNS利用はその最もゆるい，ユーザの興味だけで気軽に参加できるコミュニティといえるだろう。

以下，冒頭にミッションを示した大阪市立自然史博物館を再び例にしてみていきたい。

大阪市立自然史博物館は，市民との連携の具体的な形として周辺

に友の会コミュニティを形成し，そのコミュニティをより広い社会との接点として社会に自然史科学の普及を図り，また博物館の活力の源とする，という戦略をとってきた[41]。そしてこの戦略はネット時代になっても同様である。Twitter フォロワー6,500，近年になって力を入れ始めた Facebook でフォロワー1,630 人を確保している。この他にメーリングリスト omnh が 400 人の登録者を擁し，さらに2014（平成 26）年現在で約 1,700 世帯の友の会会員がいる。ちなみに友の会会員は「世帯」会員制度なので数としては数千人の会員といってよい。大型行事があるとすぐに 200〜300 人の会員が集まる。月例の行事でも 100 人を超えることも少なくないなど，アクティブな会員が多い。会員の主力は小学生の子とその親など子育て層とシニアだが，小学生を卒業した中高生でクラブをつくっていたり，大学生のボランティアスタッフなど若手も多いのが特徴だろう。世話役層も 20 代から 70 代まで多様な構成であり，平均しても 40 歳程度と比較的若い。

「博物館を活用して自然を学ぶ人々の会」である友の会は，学習熱心な，知的好奇心の高いユーザといえるだろう。博物館によっては友の会が「特権的グループ」として扱われて解散している例もみられる。博物館が次世代のリーダーをも生み出す深い学びのグループを創出し，支援して養成することに注力するのか，薄く広く教育を届けることに徹するのかといった議論はこれは一部で古くから繰り返されている議論である。そうした議論の一方でさまざまな行政活動において市民協働の重要性はますます増している。小規模な博物館の運営を市民団体や NPO に委ねるケースも少なくない[42]。多様なステークホルダー間の対話が重要視される今日，博物館の市民との対話の回路としても友の会などのコミュニティは存在感をもっ

ている[43]。博物館をともに担うパートナーとして信頼できる市民の養成は喫緊の課題である。博物館の友の会は博物館のパートナーとして発展していくのか[44]，それとも役割を見いだせず行政の公平性の中で衰退してしまうのか，個々の博物館・友の会それぞれの活動が問われる時代になっている。

　大阪市立自然史博物館友の会をはじめ，現在も活発な活動を続けている友の会は人材育成機関として重要な役割を果たしている。後述のようにこの会を母体にしてさらに学習を深め，研究サークルなどに参加して市民科学者へと進んでいく人も少なくない。さらに，社会貢献へ活動の幅を広げているグループも少なくない。大阪市立自然史博物館友の会が母体となってNPO法人大阪自然史センター（2014年より認定特定非営利活動法人）を形成したのも，そうした背景がある（後述）。

　博物館周辺のコミュニティでは友の会という実際の活動があり，顔を合わせる機会がベースになっていることが，メーリングリストなどインターネット上の空間においても学芸員と参加者，また参加者同士の距離感をフレンドリーなものに保っていると考えてきた[45]。SNS時代になってもこうした友の会と学芸員の関係性がベースとなり，フォロワーも初期には研究志向が強く，専門家集団・研究機関としての博物館とつながりを理解しているアマチュア層が多かった。学芸員の発信やはリツイートや返信も含め，こうしたウェブ上でのコミュニティのやり取りが総体として発信されていると実感している。博物館公式のアカウントによる発信も，こうしたコミュニティ上の学芸員も含めた個人によるリツイートやコメント付きの転送で広がっている。TwitterやFacebookのフォロワーが増えた現在，まだ大阪市立自然史博物館に行ったことがない人も含

め，博物館のさまざまな動きをニュースのように楽しんでいるユーザも少なくない．面白い博物館があるなぁ，という程度から熱心なウォッチャーまで，彼らの興味をひきつけているのは博物館だけでなく，その周囲の人々も含めたコミュニティではないかと感じている．

SNS では見えにくいコミュニティもある．グループ・団体として博物館と関係をもっているケースだ．大阪府高等学校生物教育研究会，同地学教育研究会などを始めとする地域の教員グループ，大阪野鳥の会，関西菌類談話会，近畿植物同好会，双翅目談話会などなど実に多様な，多数のアマチュア団体や学会が定例的に博物館を利用し，情報交換をしたり学芸員の指導を受けたりするなど，博物館と密接な関係にある．博物館は友の会だけでなく，こうしたサークル・研究団体との連携や協働によってさらに高度な市民教育を行い，市民科学者を育てている．その結果として市民から博物館に寄せられる標本や資料が良質になり，博物館も発展していく．

このように，博物館の周りには活動の関係性の深さや使命の共有の度合い，方向性や愛着などがさまざまに異なる多様な市民が十重二十重と取り巻いている．そしてそれぞれに友の会会員であり，Twitter のフォロワーでもあったり，元友の会会員で今はサークルだけ参加しながら地域でも自然保護活動をしている，というように重なりあいながら，博物館周辺のコミュニティを形成している．

3.6.3 博物館コミュニティをつなぐメディア

博物館と利用者のこのような関係を支えるコミュニケーションメディアは多様だ．雑誌，ブログ，メーリングリストを基礎としてきたが，例えば大阪市立自然史博物館では mixi などクローズドな

SNS を経て Facebook や Twitter へ展開した。さらに現在は Ustream, YouTube, Line, Instagram などの各アカウントも使用して，効果的な使用法を模索中である。

　このように，各種のメディアで博物館と友の会会員や周辺の市民とを結びつけている。古くからのメディアから最新のものまで，手軽に発信できるものから重厚な科学記事まで多様であるが，発信の際には古くからのメディアもまた重要な資産となっている。学芸員個人サイトのブログを含め，博物館も新着情報や各種報告ページにブログを活用し，行事情報も RSS 配信を行ってきた。月刊誌 NatureStudy もネット上にタイトル情報がある。これらの「コンテンツ」資源があるから，Twitter は単なる宣伝ツイートにならず，無理をして博物館のニュースを書き起こさなくても，日常どおり新着情報や行事情報を登録をしたりブログなどを更新するだけで今日の博物館の様子を半自動で十分に SNS 上へと送り出すことができるのである。

　これらのメディアは時代とともに双方向コミュニケーションの機能が強化されてきている。3.4 にてすでに記したように，コミュニケーションを担うのは組織としての博物館ではなく，パーソナリティをもった学芸員であるほうが望ましい，と筆者は考えている。これは，公的アカウントそのものでのコミュニケーションの難しさが背景にある。学芸員佐久間個人としてコミュニケーションをとる場合，キノコや自然保護の話題に専門性をバックに発信し，さらに個別の相手との応対であればその相手との親密度をはかりながらコミュニケーションをとることができる。しかし，公式アカウントから個人の意見や問い合わせに返事をする場合，組織としての権威性や，役所の一機関であるという意味合いが過剰に付加されてしまい

やすい。これが原因で起こるトラブルもしばしばある。トラブルを避けようとしても公式アカウントに寄せられた意見にコメントしないということすら，理解されない場合もあろう。このため，当館の公式アカウントは一般の方へのフォローバック，リプライを通常行わない，とあらかじめしており，リプライが必要なときには学芸員個人アカウントから行っている。@NHK_PR[46]などで示されるように企業アカウントであってもコミュニケーションをとるのであれば担当者の個性が出てくる。過剰な権威性を避けるためにキャラの性格づけを行っている例も多い。公式アカウントを長期にわたって個性を保って博物館を担うことができるのは学芸員であるが，当館の場合はコミュニケーションは個人アカウントに集約して公式アカウントは情報の送り込みに特化させている。

3.7 博物館と社会を SNS でつなぐために

　ここまで非常に雑駁ではあるが，博物館総合調査などによる分析と，大阪市立自然史博物館での実践経験をふまえて，博物館活動におけるソーシャルなネットワークの構造を眺めてきた。いわゆるSNSを，ウェブ上以外の（伝統的な）博物館活動と切り離して考えることは難しい。現実の博物館活動の延長線と捉えることで，SNS上での博物館活動の活性化を，現実の博物館活動の活性化にもつなげることが容易になるだろう。

　SNSを含めたウェブ上の博物館活動を活性化するために何が必要か。上記で述べてきたことの繰り返しであるが，まず第一には博物館が自ら情報発信ができ，活動記録をアーカイブできる活動の自立性が重要である。第二に，博物館が地域の重要なコンテンツ供給

表3-2 フォロワーの類似度でみた博物館のネットワーク,学芸員のネット

Twitter	大阪市立自然史博物館	学芸員A	学芸員B	学芸員C	学芸員D	大阪歴史博物館
フォロワー数	6,521	2,150	2,748	1,977	423	3,231
大阪市立自然史博物館とのフォロワーの類似度	–	15.0%	19.5%	12.4%	5.8%	0.1%
学芸員Aとのフォロワーの類似度	15.0%	–	28.6%	22.5%	16.4%	2.1%

者として学術情報,資料情報,展示活動を含めた活動記録を蓄積し,アクセス可能な文化資源として整備すること。そして第三にこれらの資源を活かす学芸員のスキル向上が必要になる。これらのうち,第二に上げた文化資源情報のウェブ上での公開は,中小の自治体博物館が自力で実施することはしばしば困難である。できれば,大学などをカバーする全国規模での文献情報サービス(CiNiiやJ-stage),図書情報サービス(NDL ONLINEなど),文化財データベース(文化遺産オンライン)やGBIFなどの国家的な活動が地域の博物館をしっかりカバーすることで,より利用しやすい包括的なものになるはずだ。国立博物館だけが日本の歴史や自然,文化を担っているわけではない。国策として全国に点在する博物館群をカバーすることで,多様な日本を,地域の魅力を掘り起こすことが可能になるだろう。

3.6では各博物館の周囲に形成されたウェブ上のコミュニティを従来からのコミュニティと結びつけて議論した。しかし,実際の博物館に集まる来館者と,ウェブ上のコミュニティには違いもある。第一には地理的な制約がないという点である。実際大阪市立自然史

3章 自然史系博物館をとりまく重層的ネットワーク

ワーク（2017年8月時点）

昆虫館A (関西)	昆虫館A 学芸員1	昆虫館A 学芸員2	博物館B (東北)	博物館B 学芸員	博物館C (関東)の 学芸員	博物館D (北海道) の学芸員	ナチュラリスト (学芸員Aと 関連分野)
1,291	3,473	3,396	4,245	1,385	1,294	1,132	2,001
0.1%	0.1%	9.0%	0.1%	0.2%	0.2%	0.2%	0.0%
2.2%	14.4%	15.1%	3.3%	21.3%	26.0%	13.3%	13.3%

　博物館のツイッターアカウントにも全国からフォロワーがあり，さらに学芸員のアカウントにも全国から質問や情報提供がもたらされている。こうした構造の違いは少々面白い事態ももたらしている。表3-2は1段目に大阪市立自然史博物館オフィシャルアカウントと大阪市立自然史博物館の学芸員，他館のオフィシャルアカウント，他館学芸員のフォロワーの類似度を示した。そして2段目に大阪市立自然史博物館の学芸員Aと館内外のアカウントとの類似度（共通のフォロワーの割合）を示したものだ。博物館オフィシャルと所属学芸員のアカウントとは比較的類似度が高いが，館外のアカウントとの類似度はおしなべて低く，極端な差がある。博物館オフィシャルアカウントを中心にみた場合，コミュニティは博物館ごとに独立していることがわかる。同じ地域でも歴史博物館とはフォロワーはほとんど重なっていない。

　一方で，専門的な内容をつぶやくことの多い学芸員の個人アカウントは少し違う傾向をみせる。他館のオフィシャルアカウントとの類似度は低いのだが，やはり専門的な内容をつぶやく学芸員同士のフォロワーの類似度は館の内外を問わずに10〜30％と高くなって

131

いる。事例数が少ないが，地理的に離れていても距離による傾向はみられない。隣接分野の学芸員同士であれば学芸員Aに限らず，館以外の学芸員とある程度共通のフォロワーを共有していた。博物館のアカウントがそれぞれの博物館来館者に向けたツイートであるのに比べ，学芸員は専門性のあるつぶやきが多い。こうした専門性の高いつぶやきには地域を超えてフォロワーが集まるのかもしれない。こうした学芸員同士がSNS上で交流することで，地域や博物館をまたぐメタコミュニティが形成されている。こうしたコミュニティが成長していけば，SNS上に博物館リテラシーの高い市民集団が形成されていくかもしれない。おそらくそうした交流は実社会の中の友の会などの博物館コミュニティにも影響を与えていくだろう。学芸員のSNSを含めた交流が先駆けとなって，博物館のコミュニティ同士の交流が進むことを期待したい。これまでは博物館それぞれに囲い込まれ，分節されていた博物館への強い愛着と深い理解をもった市民層が，博物館界の共通基盤として形成されていく可能性を意味している。この時，市民と博物館との交流はそこに注力する博物館だけの特殊事例でなくすべての博物館に求められる基礎的な活動になるだろう。

3.8 おわりに —— バーチャル／リアルなネットワークと活動のコアとしてのユーザ組織

博物館と市民の関係は，博物館を楽しむ市民が広がり，それを博物館が受け入れて相互の利益になるように活用していくことによって大きく前進していく潜在的な力を秘めた存在だ。冒頭に示したようにSNSからみえる博物館の活動は，現実の社会の中の博物館の

位置づけ，市民とのソーシャルな関係の反映でもある。SNSだけ始めればコミュニティができあがるような魔法はない。しかし，少しずつツールや環境をつくっていくことでコミュニティの形成にはつながる。博物館の「研究機関」としての側面を強化したければ，学会や研究者のメーリングリストに加入したり，データベースの連携に参加したり，研究成果の公開を進めることで，少しずつ研究機関のステータスが上がっていく。まちづくりなどの活動への取り組みを強化したければ，収蔵品情報やコンテンツ情報を公開していくことも重要だろう。博物館をどのような存在にしていくのか，使命とネットワーク上の活動は深く関わりあっているのだ。

　生態学の例えで恐縮だが環境とその上に形成される生態系は必ずしも環境で決まるわけではない。生物による環境形成作用はかなり大きく，環境が生物の活動により事後的に形成されるという側面もある。博物館の周りにぼんやりとした集団ではなく，自らの社会的な役割と使命をしっかりと定めたユーザ集団が形成されていくことで，オンライン上だけでなく実社会での博物館の活動力は高まっていく。大阪市立自然史博物館と連携して活動する大阪自然史センターもそのようにして活動を明確にしてきた。東日本大震災被災地への遠征で「子ども自然史ワークショップ」の実践を繰り返してきたこと，毎年のように100団体ほどの自然関連団体が参加し，15,000人規模の来場者が訪れる文化祭「大阪自然史フェスティバル」などのイベントを実現し大阪の自然系団体の中核となっていること，競争的資金や寄付を背景に次々と新たな活動を行っている状況は，ゆるいネットワークとバーチャルなつながりだけでは実現しなかっただろう。NPO法人西日本自然史系博物館ネットワークも同様である[47]。これらのコアとなる団体と博物館とが結び，しっか

りとたくさんのユーザがにぎわう「生態系」を築き，より多くのユーザ集団が活躍できるプロジェクトが組み立てられ，市民への発信力が強められていく。SNS などの情報発信環境はそうした市民への働きかけ（社会教育）という博物館の使命実現のためのツールの一つである。

　SNS は博物館の大きなツールであるが，SNS で博物館が伝えるコンテンツは人を含めて博物館の中にあるものだ[48]。何を，どのように伝えるのか。博物館の活動の充実と使命を含め，自己イメージの確定と組織内の共有がまず最初に行うべき活動であろう。社会の中により良く博物館が活用され，その機能を発展させられることを望み，この章を閉じたい。

付記

本章は下記を大幅に加筆，改稿したものである。
・佐久間大輔「学術基盤としての博物館のネットワーク：研究活動と人材養成のために」『日本の博物館総合調査研究：平成 27 年度報告書』2016, p.176-184.
・佐久間大輔「博物館ウェブサイトの URL タイプからみた博物館の情報発信の課題安定性と自由度，アーカイブとしての価値からコミュニティ形成まで」『日本の博物館総合調査研究：平成 27 年度報告書』2016, p.185-195.
　また，本研究は JSPS 科研費 JP25282079, JP26350396 の助成を受けたものである。

引用参考文献・注

1：山西良平「公立博物館の在り方をめぐって」『博物館研究』43 (12), 2008, p.25.
2：大阪市立自然史博物館・大阪自然史センター『「自然史博物館」を変えていく』2009, 高陵社書店
3：日本博物館協会「日本の博物館総合調査報告書」平成 25 年度博物館総合

調査に関する報告書，2017．；篠原徹・杉長敬治「日本の博物館総合調査：基本データ集」日本学術振興会（JSPS）科学研究費補助金研究成果，2015．

4：戸田孝「インターネット上の博物館情報の安定性」『博物館研究』2002年11月号

5：同上

6：持田誠「市町村の博物館からみた雑誌記事索引の課題：小規模博物館に雑索が必要な理由」『JADS第8回秋季研究発表会予稿集』2015．；持田誠「いま市町村の博物館紀要が直面している課題」『日本生態学会誌』66(1)，2016，p.265-270．

7：Harnad, Stevan & Brody, Tim, Comparing the Impact of Open Access (OA) vs. Non-OA Articles in the Same Journals, *D-Lib Magazine*, 10(6), 2004.

8：渡辺修「小規模博物館の連携・ネットワークの試みと可能性：北海道における現状と取り組み」『日本生態学会誌』62(1)，2012，p.89-93．

9：前掲4

10：佐々木秀彦「公共財としての博物館資料—アクセスを保証する資料整備・公開体制の構築：人文系博物館を中心に—（上）」『博物館学雑誌』27(1)，2002，p.3-24．；佐々木秀彦「公共財としての博物館資料—アクセスを保証する資料整備・公開体制の構築：人文系博物館を中心に—（下）」『博物館学雑誌』29(2)，2004，p.43-62．；佐久間大輔「生物多様性時代，自然史博物館のもつ資源をどうアーカイブし公共財として活かすのか」『デジタルアーカイブ研究誌』2(1)，2014，p.11-16．；佐久間大輔「共有財産としての博物館資料・博物館コンテンツ」『社会教育＝Social education』71(9)，2016，p.20-25．

11：国際博物館会議．イコム職業倫理規程　https://www.j-muse.or.jp/icom/ja/pdf/ICOM_rinri.pdf，（参照2017-11-1）．

12：自然史博物館のためのICOM博物館倫理規定．https://icomnatistethics.files.wordpress.com/2013/09/icomnathist_codeofethics_jpn.pdf，（参照2017-11-01）．

13：嘉村哲郎・加藤文彦・大向一輝・武田英明・高橋徹・上田洋．「Linked Open Dataによる多様なミュージアム情報の統合」『じんもんこん2010論文集』2010(15)，p.77-84．；松村冬子・小林巌生・嘉村哲郎・加藤文彦・高橋徹・上田洋・大向一輝・武田英明「Linked Open Dataによる博物館情報および地域情報の連携活用」『じんもんこん2011論文集』2011(8)，p.403-408．

14：嘉村哲郎・加藤文彦・松村冬子・上田洋・高橋徹・大向一輝・武田英明「芸術・文化情報の Linked Open Data 普及に向けた現状と課題：LODAC Museum を例に」『じんもんこん 2011 論文集』2011 (8), p.409-416.
15：大澤剛士・神保宇嗣・岩崎亘典「オープンデータ」という考え方と，生物多様性分野への適用に向けた課題」『日本生態学会誌』64 (2), 2014, p.153-162.
16：松浦啓一「GBIF（地球規模生物多様性情報機構）の到達点と展望」『タクサ：日本動物分類学会誌』(32), 2012, p.31-37.
17：大澤剛士・神保宇嗣「ビッグデータ時代の環境科学：生物多様性分野におけるデータベース統合，横断利用の現状と課題」『統計数理』61, 2014, p.217-231.
18：前掲 15
19：Nelson, Gil, Deborah Paul, Gregory Riccardi, Austin R. Mast, Five task clusters that enable efficient and effective digitization of biological collections, *ZooKeys* 209：2012, 19-45.
20：Ellwood, Elizabeth R., Betty A. Dunckel, Paul Flemons, Robert Guralnick, Gil Nelson, Greg Newman, Sarah Newman, Deborah Paul, Greg Riccardi, Nelson Rios, Katja C. Seltmann and Austin R. Mast, Accelerating the Digitization of Biodiversity Research Specimens through Online Public Participation. *BioScience*, 2015. doi：10.1093/biosci/biv005.；佐久間大輔・大原昌宏「資料管理と保全をめぐる対話と連携：市民参加型のバックヤードマネジメント」『日本の博物館のこれから「対話と連携」の 深化と多様化する博物館運営　平成 26～28 年度日本学術振興会科学研究費助成事業研究成果報告書』2017, p.37-42.
21：本稿の脱稿に前後して，デジタルアーカイブの連携に関する関係省庁等連絡会・実務者協議会（2017）「我が国におけるデジタルアーカイブ推進の方向性」https://www.kantei.go.jp/jp/singi/titeki2/digitalarchive_kyougikai/houkokusho.pdf，（参照 2017-10-01）が公開された。学術成果情報や資料情報の公共財としての活用は「ジャパンサーチ（仮称）」などにより今後強力に推進されるしくみができるだろう。本節で記したように博物館自身が公開した情報を活用し，最大の受益者となれるか。その鍵は資料情報を活用しコンテンツを紡ぐ学芸員をはじめとする博物館スタッフの活動の充実にある。
22：佐久間大輔「都市のおける「食」と生産地の「生物多様性」の２つの課

題を結びつける教育実践研究」『月刊生涯学習』5(7), 2012, p.10-11.
23：梅棹忠夫『メディアとしての博物館』平凡社, 1987.
24：出口貴也・中原裕成・高橋正輝・奥野拓・川嶋稔夫「地域の記録と市民の記憶を共有するディジタルアーカイブCMS」『情報処理学会研究報告』2012-DD-84(4), 2012, p.1-6.
25：佐藤優香「ミュージアム・リテラシーを育む：学校教育における新たな博物館利用をめざして」『博物館研究』38(2), 2003 p.12-15.
26：佐久間大輔「博物館とインターネット：学術情報発信の現状を中心に」『博物館研究』46(1), 2011, p5-7.；佐久間大輔「学芸員の顔（＝専門性）が見える博物館へ」『ミュージアムデータ』76, 2010, p.10-14.
27：佐久間大輔「博物館の基礎的ビハインドザ・シーンである研究活動を公開する SNSの利用を中心に」『博物館研究』49(9), 2014, p.18-21.
28：同上
29：畑田彩・鈴木まほろ・三橋弘宗「連載「博物館と生態学」を振り返って」『日本生態学会誌』58(1), 2008, p.57-61.
30：佐久間大輔「SNSで何を伝えるのか：博物館活動をネット社会に送り込むツールとしての活用」『日本ミュージアム・マネージメント学会会報』67(18-2), 2013, p.13-15.
31：日本博物館協会. 博物館の原則・博物館の行動規範. 財団法人日本博物館協会. 2012. https://www.j-muse.or.jp/02program/pdf/2012.7koudoukihan.pdf.（参照2017-11-01）.
32：日本学術会議『科学者の行動規範』改訂版, 日本学術会議, 2013.
33：本間浩一「公立博物館のウェブサイトの現状と課題：一般市民からの視点による分析と, 価値向上のための施策の提案」『博物館学雑誌』35(1), 2009, p.1-23.；本間浩一「SNSは博物館の実装を変える力になるか」『博物館研究』48(9), 2013, p.6-9.
34：コトラー, P.・コトラーN.著, 井関利明・石田和晴翻訳『ミュージアム・マーケティング』2006, 第一法規.
35：小川美香子・アモロソ ドナルド・向日恒喜・田名部元成・佐藤修「仕事でのソーシャルメディア利用：日米比較」『経営情報学会2012年春季全国研究発表大会予稿集』A2-2, 2012.
36：Fletcher, Adrienne & Moon J. Lee, Current social media uses and evaluations in American museums, *Museum Management and Curatorship*, 2012, 1-17.

37：佐々木秀彦『コミュニティ・ミュージアムへ：「江戸東京たてもの園」再生の現場から』岩波書店, 2013.；佐久間大輔「博物館の市民協働における「友の会コミュニティ」の基盤としての重要性：ボランティア・地域連携との関連から」『日本の博物館総合調査研究：平成26年度報告書』2015, p.178-191.
38：佐々木, 2013, 前掲書
39：青木伸子・北村美香「琵琶湖博物館はしかけグループ「びわたん」の活動紹介：博物館における協働モデルの提示」『博物館研究』41(2), 2006, p.16-20.
40：佐久間大輔. "博物館コミュニティとインターネット". ACADEMIC RESOURCE GUIDE 羅針盤 71. http://archives.mag2.com/0000005669/20000727001000000.html, （参照 2017-11-01）.
41：前掲2
42：金山喜昭「指定管理者制度によるNPO運営館の現状と課題」『日本の博物館総合調査研究：平成26年度報告書』2015, p.65-119.；高田みちよ・道盛正樹「NPOによる地域博物館の運営：高槻の自然がわかるみんなの博物館を目指して」『日本の博物館のこれから「対話と連携」の深化と多様化する博物館運営』2017, p.47-54.
43：日本博物館協会『対話と連携の博物館：理解への対話・行動への連携市民とともに創る新時代博物館』文部省委嘱事業「博物館の望ましいあり方」調査研究委員会報告, 2001.
44：前掲2
45：前掲40；佐久間大輔「博物館とインターネット：学術情報の発信を中心に」『博物館研究』46(1), 2010, p.5-7.；和田岳「日本の家屋に生息するヤモリの分布調査：ヤモリアンケートの結果報告」『自然史研究』3(2), 2013, p.1-20.；和田岳「博物館における市民を巻き込んだ調査研究：大阪市立自然史博物館の事例」『日本生態学会誌』55(3), 2005, p.466-473.
46：浅生鴨『中の人などいない：＠NHK広報のツイートはなぜユルい？』新潮社, 2012.
47：佐久間大輔「広域連携組織は博物館発展のパートナーとなり得るか：西日本自然史系博物館ネットワークを例に」『博物館研究』47(9), 2012, p.10-12.
48：前掲30

4章
モバイルミュージアム構想

4.1 モバイルミュージアムの基本概念

　従来のミュージアムは，資料を自前の建物内にコレクションとして収集・保管し，その内部で公開・展示することを基本としてきた。これに対し，館内の展示室だけでなく，コレクションをミュージアム外のさまざまな空間に分散配置し，それらを循環させながら展示を行う新たな方法が考えられる。このようにコレクションをミュージアムの外に持ち出し，利用可能な状態とする「流動化」を戦略としたのが，東京大学総合研究博物館が次世代ミュージアムモデルの研究として実験展示を行う「モバイルミュージアム」である。

4.1.1　モバイルミュージアムとは

　モバイルミュージアムを発案した西野嘉章は，その狙いが，「施設建物のなかに自閉してきたこれまでのミュージアム事業に，内から外へ，ハコモノから生活空間へという新しい流れを生み出すことすなわち，動的な学芸事業モデルを構築してみせることにある」と述べている[1]。従来のミュージアムがコレクションの収集・保管を活動の核とし，またそれらを陳列・展示する場所を内部に備え，利用者を招き入れるという内向きのベクトルであったの対し（図4-

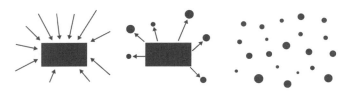

図4-1 ミュージアムの3つの存在様態
（提供：東京大学総合研究博物館）

1左）、モバイルミュージアムはコレクションをミュージアムの外へと持ち出し、分散配置するという外向きのベクトルを生み出すものである（図4-1中央）。さらにその分散配置された展示ユニットがさまざまな空間に偏在し、中長期にわたり循環型のネットワークを形成していく（図4-1右）。これが、ミュージアムの存在様態として考えたときのモバイルミュージアムの基本概念となっている。

モバイルミュージアムの「モバイル」とは、字義どおり「可動性の」という意味であり、移動可能なミュージアムの仕組みを表わすことに語用の力点が置かれている。したがって、現実に対する仮想空間のミュージアムや携帯電話等のモバイル端末を用いたミュージアムなど、デジタル・ミュージアムやヴァーチャル・ミュージアムといった呼称と言い換え可能な場合の語用とは異なる点に留意されたい。

4.1.2 モバイルミュージアムの特徴

モバイルミュージアムの特徴は、以下の4点にまとめられる[2]。

1つめは、継続性と反復性である。ミュージアムからコレクションを持ち出し、分散配置した展示ユニットは、一定期間の経過により次の場所に移動する。この流れを循環させることにより、モバイ

ルミュージアムはその遊動様態を常に現在進行形のかたちで維持することになる。このような中長期にわたるプロジェクトである点が，既存の巡回展等の一時的な催事展示と異なっている。

　2つめは，非ミュージアム空間のミュージアム化である。「モバイルミュージアム（MM）」のロゴとともに，ミュージアムではない空間に展示ユニットを置くことにより，周囲の空間を一時的なミュージアム空間に変容させる。4.2で事例を紹介するように，例えば東京大学所蔵のさまざまな学術標本をオフィス空間に持ち込むことにより，その空間をこれまでと違ったものに「異化」する触媒効果をもつ。この「異化効果」とは，演劇論としてベルトルト・ブレヒトが用いた言葉であり，日常の見慣れた事柄を違和感ある未知のものに変える効果のことをいう[3]。つまり，モバイルミュージアムでは，従来の文脈ではない場所に展示ユニットが分散配置され，それが置かれた非ミュージアム空間の印象を一変させるような効果が生じることになる。

　3つめは，展示ユニットの組み替え可能性と機動性である。モバイルミュージアムの展示物は時間，場所，機会等の与件に応じて自在に変化させることができる。ユニットの中身を入れ替えたり，あるいは組み合わせを変える。これだけで可能となるモバイルミュージアムの展示は，大規模な催事と比較し軽易であり，機動性が高い。

　4つめは，ミュージアム・コレクションの利用価値の向上である。機動性の高いモバイルミュージアムは人々の日常空間に入り込み，そこにユニット展示を展開して見せる。コレクションをよりいっそう人々の身近なものとすることで，モバイルミュージアムは人々の美的感覚や学術的好奇心にはたらきかけることができる。それぞれのコレクションに適した展示デザインを付随させたならば，

その効果はさらに高められよう。デイヴィッド・スロスビー（Throsby, David）の考え方によれば、ミュージアム・コレクションとは経済的価値および文化的価値を創出する文化的財として生産活動を行う元手となる「文化資本」と呼ぶことができる[4]。また、埋もれている価値を新たに掘り起こし、さまざまな文脈での利活用の対象となる「文化資源」と捉えることも可能である。ミュージアムに蓄積された文化資本あるいは文化資源を社会に循環させることが可能となれば、人々の利用の機会が増大し、その公開性が向上することになる。さらに、コレクションが元来有していた意味や役割に加え、新たな文化的価値を創出し、その価値を蓄積・供給していく利用可能性の拡大への寄与も期待することができるだろう。

4.1.3　分散可動型のコレクション保存・活用モデル

　以上のモバイルミュージアムの特徴を踏まえ、ミュージアム・コレクションの保存・活用モデルとして、従来のミュージアムとモバイルミュージアムとを比較してみよう。コレクションを集中的に1カ所に集め、その中で保存や展示を行い、留めおくという特徴から、従来モデルを「集中固定型」と呼ぶ。一方、コレクションをミュージアムの外に持ち出し、さまざまな場所に動かすという流動化戦略を特徴とするモバイルミュージアムをオルタナティヴ・モデルとして「分散可動型」と呼ぶ。

　従来の基本的なコレクション保存・活用モデルである集中固定型は、一元的で包括的なコレクション管理が可能であり、保存上の利点が見いだされる。コレクションの劣化を最小限にするためには、温湿度や光の管理の徹底が必要とされるが、必要な環境を備えた場所での一元的管理はコレクションにとって最適な環境を安定的に維

4章　モバイルミュージアム構想

持できる。また、利用者側の観点からみると、ある場所で一括してコレクションを利用できることが利点となる。例えば、世界の名立たる大規模ミュージアムでは、その常設展示室において、来館者は多くの貴重なコレクションを鑑賞することができる。学校教育との連携の取り組みが行われている地域のミュージアムでは、子どもたちはそこに行くことで、学校では見ることのできない実物資料に触れる機会を得る。このような側面からは、この集中固定型がこれまで有効に機能してきたことが認められる。

一方で、集中固定型のモデルは利点ばかりでなく、むしろ昨今のミュージアム活動の停滞の原因ともなっている。基本機能としてミュージアムがコレクションを収集し続ける限り、その数は増え続けることになり、収蔵・展示場所もそれだけ拡充していかなければならない。収蔵場所はもちろんのこと、展示場所の拡充が図られなければ、多くのコレクションは展示機会のないまま「死蔵」状態となる。しかしながら、ミュージアムがその施設を無限に拡張していくことは現実的に難しい。また、限定的な空間としてのミュージアム施設に人を集めようとする限り、人々の来館行動は地理的制約を免れない。近年の技術や交通網の発達により、海外に行くことも飛躍的に容易になってはいるものの、遠く離れたミュージアムに足を運ぶためには、近くに住んでいる利用者に比し、時間と費用を要するという物理的な問題がある。このように、①施設の狭隘化と②アクセスの不均衡という2点は、集中固定型によるコレクションの保存・活用方法の問題点であるということができる。

以上の集中固定型に対し、分散可動型のコレクション保存・活用モデルはどうか。分散可動型の利点には、次の2点が挙げられる。1つは、ミュージアムの活動領域の拡大である。ミュージアムの外

にコレクションを持ち出して展示を行うことにより，自己建物の内部に加え，館外に新たな展示場所や展示機会を獲得することになる。この利点は施設の狭隘化の解消や展示機会の少ないコレクションの活用につなげることができる。2つめの利点となるのは，利用者のアクセス機会の拡大である。集中固定型では，利用者がミュージアムを訪れることが前提となるが，ミュージアム以外の場所で展示を行う分散可動型は，人が従来のようにミュージアムに足を運ばなくとも，別の場所でコレクションを見ることが可能となる。これにより，現状でミュージアムに足を運ばない人に対して，来館行動を促すことなくミュージアム側からはたらきかけることができる。これは，アクセスの不均衡を一定程度解消することになると考えられる。

　以上のように，分散可動型によるコレクション保存・活用方法は，集中固定型の限界に対して，①ミュージアムの活動領域の拡大と保存・展示場所の確保，②アクセス機会の拡大あるいは不均衡の解消という2点において，利点を有すると考えられる。これらの利点には，従来モデルに対するオルタナティヴ・モデルとして，コレクションの流動化戦略によるモバイルミュージアムの意義が認められるのではないだろうか。

4.2　東京赤坂オフィスロビーの事例

　次に，コレクションの流動化による分散可動型のコレクション保存・活用モデルについて，モバイルミュージアムの事例を具体的に取り上げ，モバイルミュージアムの意義について検証を試みる。本項では，都市のオフィス空間で実現したモバイルミュージアムにつ

4章 モバイルミュージアム構想

いて述べる。

4.2.1 プロジェクト概要

東京大学総合研究博物館がこれまでに実現したモバイルミュージアム・プロジェクトは，国内外を合わせ，2018(平成30)年3月29日現在で169例に上る[5]。2007(平成19)年1月より，新日鉄興和不動産株式会社との産学連携事業として東京赤坂オフィスロビーで実現した本事例は第1号プロジェクトである。2007年から2009年の3年間を1期として始められ，その後2016(平成28)年7月まで継続し，計18回の展示が行われた。

展示場所は，東京赤坂の米国大使館隣に立地し，新日鉄興和不動産株式会社が管理を手掛けるオフィスビル1階のロビーが選定された（図4-2）。このロビーには，基本的には誰でも入ることができるため，入館料無料の条件下でモバイルミュージアムの展示が提供

図4-2 東京赤坂オフィスロビー展示風景
（提供：東京大学総合研究博物館）

されていた。

　展示構成は小ケース3台，大ケース1台の計4台，展示物は東京大学総合研究博物館が所蔵する学術標本が用いられた。学術資源の創造的な利活用を図ることを目的に，館内の展示では利用機会の少なかったものやモバイルミュージアムの展示条件下で展示可能なもののなかから，本事例では主として審美的観点のもとに展示物の選定が行われた。展示更新は半年に一度，定期的に実施された。

　本事例に注目するのは，オフィス空間内モバイルミュージアムとして，モバイルミュージアムの基本概念に最も忠実な実現事例であるという理由による。すなわち，4.1.2で示したモバイルミュージアムの特徴に対し，以下の4点がまさしく適合する。①3年間を1期とし，半年に一度の展示更新を行う中長期プロジェクトである点，②オフィスロビーという非ミュージアム空間での展示である点，③会場に合わせて決められた一定の展示ユニットの中身を入れ替えている点，④東京大学総合研究博物館が所蔵する学術標本というコレクションの流動化が行われている点である。

4.2.2　調査概要

　4.1.3で述べたように，モバイルミュージアムとは，コレクションの流動化による保存・活用方法を行う分散可動型モデルである。したがって，モバイルミュージアムの意義として，①ミュージアムの活動領域の拡大とコレクションの保存・展示場所の確保，②アクセス機会の拡大あるいは不均衡の解消の2点が考えられた。調査の目的は，この2点に対し，モバイルミュージアムの基本概念に最も忠実な実現事例の実態を把握し，社会的意義の検証を行うこととした。

具体的な検証点として挙げられるのは、観覧者の反応について、次の2点を明らかにすることである。すなわち、①従来の文脈ではない非ミュージアム空間に学術標本を展示することで、モバイルミュージアムの展示が観覧者にどのような印象を与えたか、②観覧者のアクセス機会が拡大されているかという点である。検証点①では、特にモバイルミュージアムによる「異化効果」に注目した。

評価の方法は、モバイルミュージアムの観覧者を対象としたインタビュー調査を実施し、観覧者の特性把握や自由回答のテキストから、観覧者の反応を分析するものとした。これは、本事例がモバイルミュージアムの第1号プロジェクトであることを鑑み、単純に数量化できない事象や事前に仮説の立たない現象を探索的・帰納的に検証することを可能とする質的研究の見地に立つものである[6]。分析では、回答の傾向を分析者が読み取り、自由回答を分類する方法のほかに、テキスト分析を用いて、定型化されていないテキストを単語に分解し、機械的に出現頻度を計測する頻出語の抽出を行った。これにより、自由回答の発話傾向を定量的に分析することを試みた。

調査場所はロビー（展示場所付近）、調査対象は展示が行われているロビー空間内の人とした。調査時期と期間は、展示開始時（第1回調査）および展示替え後の各回（第2回-第6回調査）につき、一週間程度に設定した。調査方法は、調査員が調査票に基づき質問を行い、回答を記録するインタビュー方式を採用した[7]。

調査項目は、先に挙げた検証点①の展示の印象と検証点②のアクセス機会の拡大について、1)回答者属性（性別、年齢、職業、訪問目的、ミュージアム訪問経験）、2)印象（異化効果）、3)プロジェクトの中長期的影響の3要素から構成した。質問項目の共通インタ

ビュー・スクリプトは表4-1に示した。

4.2.3 調査結果

第1期（2007-2009年）の第1回から第6回の調査結果について報告する。全6回，延べ35日間の調査では，計876サンプルを回収した。回答許諾率（回答数／回答依頼数）の平均は49.0%であり，各回を通じてほぼ安定していた。インタビュー時間の最頻値は4分となったが，自由回答の質的深化を追求するため，調査員が適宜回答者の発話を促す追加的質問を行うよう事前に取り決めたことにより，比較的時間に余裕のあった場合や熱心な回答者からは最大値で25分の調査協力が得られた例もあった。

表4-1 インタビュー・スクリプト

要素	スクリプト
1）回答者属性	1-a. ご自身について教えてください（性別・年代・職業）
	1-b. 本日の来訪目的は何ですか
	1-c. 過去1年間のミュージアム訪問回数を教えてください
2）印象 （異化効果）	2-a. このような展示をご覧になって，印象に残ったものや印象に残った点はありますか
	2-b. このような展示がオフィスビルの空間にあるのを見て，どう思われましたか
	2-c. 今までに行ったことのある博物館・美術館（または「ミュージアム」という言葉でイメージするもの）と比べて，印象の違いはありますか
3）中長期的影響	3-a. モバイルミュージアムは展示物の入れ替えを行いましたが，お気づきになりましたか。また，新しい展示を見て，どう思いましたか
	3-b. 毎日あるいは何度かこの展示をご覧になるうちに，モバイルミュージアムに対する印象に変化はありますか

（1）回答者の性別・年齢・職業

性別は男性が74.0%と，女性26.0%に比べて2倍以上の割合を占めた（表4-2）。年齢は30歳代が36.6%と最も多かった。つづいて，40歳代が24.7%，20歳代が19.4%と多く，これらを合わせると約8割となった（表4-3）。回答者の職業は会社員が約9割を占め，オフィスロビーという場所を反映した結果となった（表4-4）。このような属性から，平日の昼間には自由に使える余暇時間が少なく，同時間帯にミュージアムに足を運ぶことは難しいと考えられる男性壮年世代の会社員という観覧者による利用傾向が多いことが示された。

表4-2 性別

	件数	%
男性	648	74.0
女性	228	26.0
総計	876	100.0

表4-3 年齢

	件数	%
10歳代	2	0.2
20歳代	170	19.4
30歳代	321	36.6
40歳代	216	24.7
50歳代	103	11.8
60歳代	51	5.8
無回答	13	1.5
総計	876	100.0

表4-4 職業

	件数	%
会社員	799	91.2
それ以外の職業	55	6.3
主婦	10	1.1
学生	6	0.7
無職	3	0.3
無回答	3	0.3
総計	876	100.0

（2）訪問目的

　訪問目的は「当ビル内に勤務」が33.0％，「当ビル内の会社を訪問」が43.5％となり，合わせて8割近くを占めた（表4-5）。一方，「モバイルミュージアムを見に」訪れた人は1.7％とごくわずかであった。このように，回答者の8割近くが商用での訪問という結果から，これらの人々は主目的以外の状況下で展示に遭遇していると考えられた。したがって，モバイルミュージアムには，展示を見ることを目的にミュージアムを訪れるという従来の利用形態とはまったく異なるアクセス機会の拡大をもたらす効果があることが推定された。

（3）ミュージアム訪問経験

　ミュージアム訪問経験を尋ねるために設定した質問である過去1年間のミュージアム訪問回数は，最頻値が0回であった（表4-6）。累積の割合では，0回が21.9％，1回が42.7％を占め，1年に1回以下のミュージアム訪問頻度の回答者が約65％を占めた。10回以上という回答者も3.6％と少数ではあるが存在した。そのため，個

4章 モバイルミュージアム構想

表4-5 訪問目的

	件数	%
当ビル内に勤務	289	33.0
当ビル内の会社を訪問	381	43.5
モバイルミュージアムを見に	15	1.7
カフェ・レストランの利用	57	6.5
休憩・待ち合わせ等ロビーの利用	57	6.5
近くのビルを訪問	39	4.5
その他	33	3.8
不明	5	0.6
総計	876	100.0

表4-6 ミュージアム訪問経験（過去1年間の訪問回数）累積分布

回数	頻度	累積%
0	163	21.9
1	155	42.7
2	150	62.8
3	147	82.6
4	31	86.7
5	37	91.7
6	17	94.0
7	3	94.4
8	0	94.4
9	0	94.4
10	17	96.6
それ以上	25	100.0

人差は大きいものの，1年に1回以下というミュージアム訪問頻度の人々，すなわち普段はミュージアムに行く機会の少ない傾向にある人々に対し，モバイルミュージアムが展示へのアクセス機会を提供していたことが確認された。

(4) 展示を見た印象に関する定量的分析

「モバイルミュージアムを見て印象に残ったものはありますか」(表4-1，2-a) という感想を問う質問の自由回答について，各調査回で，計量テキスト分析ソフト KH coder を用いて，品詞別の頻出語を抽出した (表4-7)[89]。いずれも抽出語には，インタビュー中に追加的な質問をした場合などに記録された調査者の発話も含まれる。

まず，名詞における頻出語について，各調査の上位の結果を示す[10] (表4-8)。具体的な展示物の発話について見ると，第3回以降に展示物に関する単語の種類が増えている傾向がわかる。第4回以降は，そのときの展示物すべてについての発話が確認された。第3回以降は，「骨」「トカゲ」など，目の前にあるもの以外の過去の展示物についても言及がみられる点に注目することができる。また，表4-8には記載していないが，第5回調査時まで「ペンギン」という単語の発話が確認されており，第1回展示物の「マゼランペ

表4-7 印象に関する計量テキスト分析

	第1回	第2回	第3回	第4回	第5回	第6回
有効サンプル数	80	91	77	193	165	244
総抽出語数	7,243	2,942	2,460	4,966	4,142	5,558
異なり語数 （活用を除く）	1,087 (825)	549 (390)	460 (312)	709 (505)	649 (460)	743 (543)

4章　モバイルミュージアム構想

表4-8　品詞別頻出語：名詞

第1回		第2回		第3回		第4回		第5回		第6回	
頻出語	件数	頻出語	件数	頻出語	件数	頻出語	件数	頻出語	件数	頻出語	件数
展示	92	展示	32	トカゲ・ホルマリン	27	印象	39	印象	30	印象	40
博物館	69	骨	29	模型・数理	26	卵	27	骨	27	計算尺・円筒	35
説明・解説	46	ケース	22	印象	14	牛	26	展示	19	埴輪・土偶	24
標本	29	印象	19	展示	12	鳥・フウチョウ	14	ダチョウ	18	展示	20
興味	25	調査	10	骨	11	ビル	12	ビル	18	模型	18
美術館	23	席	9	ケース	9	トカゲ・イグアナ	11	シカ・角	17	説明・キャプション	18
ペンギン	20	目	9	調査	8	骨	9	ケース	9	機械・機構	18
解説	18	ビル	8	標本	8	オオジェ	6	土器	9	ビル	17
オフィス	16	化石	8	水晶	8	恐竜・ジュラシック	5	カヌー・彫刻	9	ハギアソフィア	13
ビル	16	説明	7	説明	7	ケース	5	感じ	8	化石・アンモナイト	12
人	16	感じ	7	違和感	5	オフィス	4	サンゴ	7	ケース	11
会社	15	望遠鏡	7	意味	4	興味	4	興味	7	骨	9
ロビー	14	指	7	指	4	博物館	4			感じ	9
		パンフレット	6			サンゴ・ウミカラマツ	5			興味	9
										雰囲気	9

153

ンギン」の骨格標本は，回答者にとって非常に印象に残る展示物であったことが推測される。そのほか，特徴的な発話としては，「ビル」や「ケース」が継続して上位に現れており，これらの単語が用いられている文脈を確認すると，個別の展示物以外に，展示に関する空間的な要素にも回答者の関心が高い傾向があると考えられた。

つづいて，形容詞・形容動詞の頻出語を示す（表4-9）。最も多かったのは「いい・よい」という好意的な発話であり，各回上位に継続してみられた。また，各回で確認された「面白い」のほか，「意外」「珍しい」「新しい」といった発話は，モバイルミュージアムの展示が観覧者に驚きを与え，価値意識にはたらきかけた反響を示すものと考えられる。これは，オフィスロビーに学術標本が置かれたことによるモバイルミュージアムの異化効果と解釈可能であろう。

なお，第3回から第5回に現れた「悪い」「嫌い」という非好意的な発話は，抽出単語の前後を確認すると，第3回展示物である「ムカシトカゲ」の液浸標本に付随していた。このようにプロジェクトそのものに対する好意的な態度とは別の次元で，個別の展示物への選好が発話に影響していることが推測された。

(5) 展示を見た印象に関する定性的分析

自由回答のテキスト分析による頻出語の抽出は，定量的な観点からの分析である。この分析は機械的な集計結果に基づくため，データの客観性が高いと考えられる点に利点を見いだすことができる。しかし，感動のあまり言葉を失うなど，観覧者の反応について，数の多寡では計ることができない場合が想定される[11]。そこで，次に，モバイルミュージアムの印象や異化効果を尋ねた自由回答について，上述の形容詞・形容動詞の頻出語のうち「いい・よい・良い」

4章 モバイルミュージアム構想

表4-9 品詞別頻出語：形容詞・形容動詞

第1回		第2回		第3回		第4回		第5回		第6回	
頻出語	件数	頻出語	件数	頻出語	件数	頻出語	件数	頻出語	件数	頻出語	件数
いい・よい・良い	58	いい・よい・良い	14	いい・よい・良い	8	いい・よい・良い	22	珍しい	8	いい・よい・良い	48
面白い	20	大きい・でかい	7	おもしろい・面白い	6	おもしろい・面白い	11	好き	7	おもしろい・面白い	19
好き	15	おもしろい・面白い	6	正直	4	古い	6	面白い	6	白い	9
ほしい・欲しい	10	きれい・綺麗	4	悪い	3	新しい	5	いい・良い	6	古い	8
きれい・美しい	7					すごい	5	古い	5	小さい	6
詳しい	6					珍しい	4	きれい	5	大きい	4
忙しい	6					多い	3	普通（でない）	3	珍しい	4
悪い	5					悪い	3	悪い	3	新しい	3
意外	4					嫌い	3	新しい	3	素晴らしい	3
						好き	3	大きい	3	殺風景（でない）	3
						普通（でない）	3				

155

という回答の理由を定性的に分析した。
　その結果，特徴的な回答は次の3つに分類できた。
　1つは，モバイルミュージアムの基本概念に関わる好意的な評価である。「殺風景なロビーにこのような展示があるのは良い」「ロビーの雰囲気に合っていてよい」「身近にこういう標本を見られるのはよい」「待ち時間の間に眺められるのがよい」「お客さんと待ち合わせをするのに話題になるからよい」等，自分が過ごす日常空間や日常的行動との関係性に意味を見いだしている回答があった。「博物館側から外に出てきてくれるのはよい」「博物館に実際に行かないと見ないようなものが見られるのがよい」「新しい試みである」「いいアイディアである」等の回答は，ミュージアムが館外で展示を行うという新たな試みに好評価を与えていると考えられた。
　2つめは，観覧者の心理に対する肯定的なはたらきかけである。「一息入れるときに眺めるのによい」「癒される」「ほっとさせてくれる」「暇な時間に見るとリラックスする」等の回答は，仕事の合間などに心理的に落ち着かせる効果があることを示していた。あるいは反対に，「新しい刺激を受ける」「インスピレーションになる」「いろいろな意味で知的刺激がある」等，心理的な活性化につながっているという回答もあった。
　3つめは，展示としての好意的評価である。「シックな感じで良い」「デザインがよい」「雰囲気があってよい」「趣味がよい」等，展示の質に対する好意的な印象をもつ回答，目の前にある具体的な展示物を挙げ，それが「よい」と述べた回答がみられた。
　また，良いという反応とは別に，端的に「驚いた」「びっくりした」「最初はギョッとした」という驚きを表す回答や「これは何だろうと思った」「これは何なのと気になっていた」「なぜここにあるのだ

ろうと思った」といった疑問や興味を喚起したと解釈できる回答があった。これらはモバイルミュージアムの異化効果として解釈可能ではないかと考えられた。

このように，モバイルミュージアムの展示を見た印象の分析からは，モバイルミュージアムが観覧者から好意的な評価を獲得していること，人々の目に新鮮な驚きを与えていること，それを見たことによる肯定的な反応に起因し，人々の価値意識の変化を促していることが推定された。

(6) プロジェクトの中長期的影響

さらに，プロジェクトの中長期的影響について探るために，「新しい展示を見て，どう思いましたか」という問いにつづき，「毎日あるいは何度かこの展示をご覧になるうちに，モバイルミュージアムに対する印象に変化はありますか」（表4-1, 3-b）という質問を設定した。

これに対する自由回答の特徴としては，次の4つが挙げられる。

1つは，以前の展示物との比較や次回展示替えへの期待感に関する回答である。例えば，「以前より時代を感じる展示」「生物や恐竜の方がよかった」等の以前の展示物と比較する言及がみられた。これは，4.2.3(4)「展示を見た印象に関する定量的分析」で指摘したように，展示の感想を問う自由回答のテキスト分析結果の頻出名詞において，発話する展示物名の多様性が回を重ねるごとに徐々に増えているという結果があり，展示替えに対する認識の定着傾向とみることができるだろう。

2つめは，展示物が変わったことには気づいても「全体の印象としてはあまり変化がない」という回答である。「意識してみていな

いため特にない」「忙しいから気づかない」という消極的な態度の人も見受けられた。

3つめは同じ展示物，展示形態は時間の経過とともに「見飽きてしまう」「なじんでしまう」という回答である。このように中長期的影響については，異化効果は時間の経過とともに，初期にあった反響が薄れる傾向がみられた。

しかし，4つめの特徴として，「初めは違和感があったものがなじんできた」「親しみがもてるようになってきた」「だんだん興味がわいてきた」「前よりここが好きになった」という回答が挙げられる。これらは，初期にみられた反響が低下した異化効果について，観覧者の価値意識に対し，積極的な変化を促していると解釈が可能であり，持続的影響とみなすことができると推定された。

（7）調査結果のまとめ

以上の結果より，次の2点について，モバイルミュージアムの意義が示されたと考える。

まず，検証点①のモバイルミュージアムの印象，特に異化効果については，モバイルミュージアムに関する感想を尋ねた自由回答のテキスト分析による形容詞・形容動詞の頻出語として，「面白い」「珍しい」「新しい」といった単語が抽出された。これは，モバイルミュージアムの異化効果を示すものと考えられる。中長期的影響については，異化効果は時間の経過とともにその初期的反響が薄れる傾向がみられるが，「違和感があったものがなじんできた」「親しみがもてるようになってきた」「だんだん興味がわいてきた」といった回答からは，観覧者の価値意識に対して積極的な変化を促していると解釈が可能な持続的影響がみられた。

また，検証点②のアクセス機会の拡大については，回答者の属性は，男性壮年世代，会社員，商用でのロビー訪問目的が多数を占める結果となった。すなわち，モバイルミュージアムでは会社員が仕事の合間に展示に遭遇するという，ミュージアムに足を運ぶ通常の来館行動とは異なる新しい利用者層の開拓と利用形態の提供が行われていることが確認された。また，ミュージアム訪問頻度は，1年に1回以下というあまりミュージアムに行かない人が半数以上を占め，これらの人に展示を見る機会を提供していることがわかった。

4.3　東京丸の内地区仮想事例

4.2で取り上げたオフィスロビーの事例が都市空間における局所的なモバイルミュージアムの実現であるとすれば，さらなる将来展開として，それらを複合した多面的なモバイルミュージアムが考えられる。本節では東京丸の内における圏域遊動型ミュージアムの実験事例構想を紹介し，仮想事例を用いた観覧者ニーズの分析結果について述べる。調査は，モバイルミュージアムの今後の展開可能性の検討と課題の抽出を目的に試みた。

4.3.1　プロジェクト概要

東京大学総合研究博物館では，モバイルミュージアムの多面的な展開案として，「圏域遊動型ミュージアムの三次元ネットワーク」構想を提示している[12]。図4-3は，都市空間内にモバイルミュージアムが展開しうるさまざまな場所を示している。このように，より多点的・多面的な展開を模索することがモバイルミュージアムの将来として考えられる。

これに基づく具体的な試案が，東京丸の内におけるモバイルミュージアム・プロジェクトである。2008(平成20)年に作成されたこの試案では，さまざまな性格の開放空間をモバイルミュージアムの具体的な展開場所として想定した。この試案の特徴とは，多様な空間特性をもつ場所に，展示規模や演出効果を変えてモバイルミュージアムを展開させる点である。例えば，オフィス空間にウマなどの交連骨格標本やシカやイノシシの頭骨数百個を設置する案(図4-4)，商業空間に個性的な展示台のデザインを導入する案（図

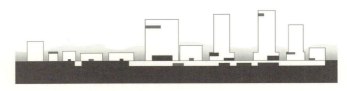

図4-3　圏域遊動型ミュージアムの三次元ネットワーク断面概念図
　　　　（提供：東京大学総合研究博物館）

図4-4　オフィス空間における展示案
　　　（提供：東京大学総合研究博物館）

4章 モバイルミュージアム構想

図4-5 商業空間における展開案
(提供:東京大学総合研究博物館)

4-5) などがある。

4.3.2 調査概要

　この試案をもとに,モバイルミュージアムの今後の活動展開を探るために仮想事例の設定を行い,調査設計を行った。したがって,本事例はモバイルミュージアムの潜在的な観覧者を対象とした。

　4.2でみたように,東京赤坂オフィスロビー事例では,モバイルミュージアムの意義が確認された。これを受け,本調査では,モバイルミュージアムの観覧者ニーズを分析するために,仮想事例について,①場所,展示物,観覧時間帯に関する観覧者の選好,②展示を見るための行動意思を把握することを目的とした。

　調査方法としては,20歳以上の首都圏在住の男女を対象に,インターネット調査を実施した。インターネット調査は幅広い層から観覧者となりうる人を条件設定により選び出すことができる。スクリーニングのための予備調査では,居住地域および該当丸の内地区

161

への訪問経験を尋ね，関東以外の居住者と該当丸の内地区を訪れたことがない者は除外した。インターネット調査では，最後まですべて回答したサンプルのみを有効回答とすることが保証される。そのため，質問票の長さの制約は比較的少ない。しかし，回答者が設問に回答しやすいかどうかには充分な配慮を行う必要がある。本調査ではこの点に留意し，選択式設問を中心とした。

調査項目は，1)回答者属性，2)丸の内地区への訪問行動，3)丸の内地区におけるモバイルミュージアムに対する観覧者の選好および行動意思とし，それぞれに具体的な質問を設定した。質問票の主要な流れは，表4-10のとおりである。

仮想事例の設定では，展示物，場所，観覧時間帯，回り道の時間の4項目について，以下のように具体的な項目を想定した。

展示物は，「マゼランペンギンの骨格標本」「オオホラガイの貝類標本」「常螺旋面の数理模型」「彫刻付きカヌーの民族芸術」の4点を具体的に挙げた。これらは，東京大学総合研究博物館が所蔵する学術標本のうち，自然物と人工物の2系統のバランスを配慮し，展示の実現性を担保する観点から，これまでのモバイルミュージアム

表4-10　質問内容

		目的	内容
予備調査	問1-2	スクリーニング	居住地，該当丸の内エリアへの訪問経験
本調査	問1-3	丸の内エリアへの訪問行動実態把握	訪問理由，移動手段，交通時間
	問4-12	丸の内エリアモバイルミュージアムに対する観覧者選好把握	展示物，場所，観覧時間帯，回り道の時間
	問22-25	回答者属性の把握*	職業，最終学歴，収入

＊性別，年齢については，回答者の登録情報を利用した。

で実際に展示されたことのあるものを選定した。

場所は，丸の内地区を形成するオフィス空間，商業空間，公共空間の性格別に，東京駅前の「丸の内ビルのオフィスロビー空間」「新丸の内ビルの商業空間」「行幸地下通路」の3カ所を選んだ。

観覧時間帯は「平日」および「休日」について，それぞれ「朝（6時から10時くらいまで）」「昼（10時から17時くらいまで）」「夜（17時から23時くらいまで）」を選択肢とした。

回り道の時間は，観覧者の費用意識に関わる項目として設定した。モバイルミュージアムの特性に照らすと，通常のミュージアムで行われているように，観覧者から料金を徴収するということは想定し難い。そのため，共通の尺度として，モバイルミュージアムを見るための行動に使う時間を指標とした。

4.3.3 調査結果

本調査は2009（平成21）年3月に実施した。回収サンプル数は1,000とし，男女比を人口の割合である48対52で割りつけた。

（1）回答者属性

性別と年齢は，男女ともに30歳代が最も多く，全体で約4割を占めた。ただし，女性は男性に比べ20歳代が16.5％，30歳代が43.1％と多く，男性は女性に比べ，40歳代が35.0％と多い傾向がみられた（表4-11）。

職業は，会社員（事務職）が25.1％と最も多く，つづいて会社員（技術専門職）が18.4％，主婦・主夫が16.1％を占めた（表4-12）。女性では会社員（事務職）30.4％，主婦30.0％と偏りがみられ，男性は会社員（技術専門職）28.3％が多数となった。また，男性は会

表4-11　性別と年齢のクロス表

			年代					合計
			20歳代	30歳代	40歳代	50歳代	60歳代以上	
性別	男性	度数	50	174	168	61	27	480
		%	10.4	36.2	35.0	12.7	5.6	100.0
	女性	度数	86	224	136	52	22	520
		%	16.5	43.1	26.2	10.0	4.2	100.0
	合計	度数	136	398	304	113	49	1000
		%	13.6	39.8	30.4	11.3	4.9	100.0

＊有効回答数＝1000
＊$\chi^2 = 18.836$, $df = 6$, $p < .001$

社員全体で約7割を占めた。

(2) 丸の内地区への訪問行動

訪問目的は,「時々買い物や遊びに行く」が58.6％と最も多かった（表4-13）。商用での訪問は,「日常的に通勤している」「仕事等で時々訪れることがある」を合わせて約25％であった。

片道の交通時間は「45分以上1時間未満くらいかかる」が26.9％,「1時間以上1時間半未満くらいかかる」が25.0％,「30分以上45分未満くらいかかる」が20.1％となり, 30分から1時間半の間が多い傾向がみられた（表4-14）。30分未満は16％程度に留まった。

(3) モバイルミュージアムに対する選好および行動意思

丸の内地区でモバイルミュージアムを実施すると仮定し, そこでどのような展示物を見たいかを尋ねた質問（複数回答2つまで）では,「マゼランペンギンの骨格標本」が38.4％と最も多かった。つ

4章 モバイルミュージアム構想

表4-12 性別と職業のクロス表

<table>
<tr><th colspan="2"></th><th colspan="6">性別</th></tr>
<tr><th colspan="2"></th><th colspan="2">男性</th><th colspan="2">女性</th><th colspan="2">合計</th></tr>
<tr><th colspan="2"></th><th>度数</th><th>%</th><th>度数</th><th>%</th><th>度数</th><th>%</th></tr>
<tr><td rowspan="13">職業</td><td>会社員（営業職）</td><td>65</td><td>13.5</td><td>21</td><td>4.0</td><td>86</td><td>8.6</td></tr>
<tr><td>会社員（事務職）</td><td>93</td><td>19.4</td><td>158</td><td>30.4</td><td>251</td><td>25.1</td></tr>
<tr><td>会社員（技術専門職）</td><td>136</td><td>28.3</td><td>48</td><td>9.2</td><td>184</td><td>18.4</td></tr>
<tr><td>会社員（労務職）</td><td>17</td><td>3.5</td><td>7</td><td>1.3</td><td>24</td><td>2.4</td></tr>
<tr><td>会社管理職</td><td>68</td><td>14.2</td><td>1</td><td>0.2</td><td>69</td><td>6.9</td></tr>
<tr><td>会社や団体等の役員・経営者</td><td>16</td><td>3.3</td><td>3</td><td>0.6</td><td>19</td><td>1.9</td></tr>
<tr><td>公務員</td><td>15</td><td>3.1</td><td>6</td><td>1.2</td><td>21</td><td>2.1</td></tr>
<tr><td>教職員</td><td>4</td><td>0.8</td><td>9</td><td>1.7</td><td>13</td><td>1.3</td></tr>
<tr><td>自由業</td><td>15</td><td>3.1</td><td>36</td><td>6.9</td><td>51</td><td>5.1</td></tr>
<tr><td>商工サービス業自営</td><td>23</td><td>4.8</td><td>8</td><td>1.5</td><td>31</td><td>3.1</td></tr>
<tr><td>主婦・主夫</td><td>5</td><td>1.0</td><td>156</td><td>30.0</td><td>161</td><td>16.1</td></tr>
<tr><td>学生</td><td>9</td><td>1.9</td><td>14</td><td>2.7</td><td>23</td><td>2.3</td></tr>
<tr><td>その他</td><td>14</td><td>2.9</td><td>53</td><td>10.2</td><td>67</td><td>6.7</td></tr>
<tr><td colspan="2">合計</td><td>480</td><td>100.0</td><td>520</td><td>100.0</td><td>1000</td><td>100.0</td></tr>
</table>

＊有効回答数＝1000
＊$\chi^2 = 3.456E$, $df = 12$, $p < .001$

表4-13 訪問目的

	度数	%
日常的に通勤している	41	4.1
仕事等で時々訪れることがある	212	21.2
よく買い物や遊びに行く	64	6.4
時々買い物や遊びに行く	586	58.6
その他	97	9.7
計	1000	100.0

表 4-14　片道の交通時間

	度数	%
10 分未満くらいかかる	9	0.9
10 分以上 30 分未満くらいかかる	156	15.6
30 分以上 45 分未満くらいかかる	201	20.1
45 分以上 1 時間未満くらいかかる	269	26.9
1 時間以上 1 時間半未満くらいかかる	250	25.0
1 時間半以上 2 時間未満くらいかかる	106	10.6
それ以上	9	0.9
計	1000	100.0

表 4-15　展示物（複数回答 2 つまで）

	度数	%
マゼランペンギンの骨格標本	384	38.4
オオホラガイの貝類標本	199	19.9
常螺旋面の数理模型	273	27.3
彫刻付きカヌーの民族芸術	164	16.4
この中にはない	293	29.3

＊母数 = 1000

づいて「数理模型」が 27.3％ となった（表 4-15）。「オオホラガイの貝類標本」は 19.9％，「彫刻付きカヌーの民族芸術」は 16.4％ であった。個別の展示物により若干の差はあるが，自然物・人工物ともに，さまざまな種類の展示物に対する興味が示される結果となった。

　場所は，「行幸地下通路（東京駅-皇居前間の地下通路）」が 35.2％，「新丸の内ビル 1 階の商業空間」が 34.7％ となり，「丸の内ビル 1 階のオフィスロビー空間」の 21.0％ に比べ，やや多かった（表 4-

16)。前者2つは,後者に比べ,開放性の高い空間であると考えられ,そのような空間特性がより好まれる傾向が推定された。

観覧時間帯(複数回答2つまで)は「休日の昼」に見たいという回答が44.4％と最も多かった(表4-17)。つづいて,「平日の昼」が27.5％,「平日の夜」が25.6％となった。朝の時間帯は,平日・休日ともに回答が少なかったことから,回答者にとって比較的ゆとりがあると想定可能な時間帯が好まれる傾向がみられた。

回り道の時間は,「5分以上10分未満なら見に行きたい」が最も多く,28.3％となった(表4-18)。これに「10分以上15分未満な

表4-16　場所

	度数	％
丸の内ビル1階のオフィスロビー空間	210	21.0
新丸の内ビル1階の商業空間	347	34.7
行幸地下通路(東京駅−皇居前間の地下通路)	352	35.2
この中にはない	91	9.1
計	1000	100.0

表4-17　観覧時間帯(複数回答2つまで)

	度数	％
平日の朝(6時から10時くらいまで)に見たい	22	2.2
平日の昼(10時から17時くらいまで)に見たい	275	27.5
平日の夜(17時から23時くらいまで)に見たい	256	25.6
休日の朝(6時から10時くらいまで)に見たい	27	2.7
休日の昼(10時から17時くらいまで)に見たい	444	44.4
休日の夜(17時から23時くらいまで)に見たい	107	10.7
とくに希望はない	186	18.6

＊母数＝1000

表4-18 回り道の時間

	度数	%
1分未満なら見に行きたい	29	2.9
1分以上5分未満なら見に行きたい	197	19.7
5分以上10分未満なら見に行きたい	283	28.3
10分以上15分未満なら見に行きたい	240	24.0
それ以上	26	2.6
通り道なら見るが、とくにそのための時間は使わない	183	18.3
そのための時間は一切使わない（展示は見ない）	42	4.2
計	1000	100.0

ら見に行きたい」が続き、24.0％であった。「通り道なら見るが、とくにそのための時間は使わない」は18.3％、「そのための時間は一切使わない（展示は見ない）」は4.2％であった。これらを合わせて、展示を見るために時間を使わないという回答は22.5％に留まった。つまり、8割近くの回答者が展示を見るために、数分であれば回り道をしてもよいと回答していることがわかった。したがって、見たいと思う展示を観覧するために、人は積極的に時間を使う行動意思があることが確認された。

（4）調査結果のまとめ

東京丸の内地区仮想事例を用いて、①場所、展示物、観覧時間帯に関する観覧者の選好、②展示を見るための行動意思に関するモバイルミュージアムの潜在的観覧者ニーズ分析を行った本調査では、次の2点が明らかとなった。

1つめは、丸の内地区でモバイルミュージアムを行った場合、展示物については、自然物と人工物との間で顕著な差はみられなかっ

た。一方，場所は比較的開放性の高い空間がより好まれる傾向がわかった。観覧時間帯は「休日の昼」「平日の昼・夜」が多く，回答者にとって，比較的ゆとりのある時間帯での展示観覧が好まれていた。つまり，出かけたついでに立ち寄ることができるような，自分にとって行きやすい環境での展示にニーズがみられる傾向がわかった。

　２つめは，「通り道なら見るが，とくにそのための時間は使わない」「そのための時間は一切使わない（展示は見ない）」と答えた人を除き，約８割が展示を見るために回り道をしてもよいと回答していた。そのうち，５分以上かけてもよい，と回答した者が５割を占めており，見たいと思う展示を観覧するためには，人は回り道をしてもよいという，積極的に時間を使う行動意思があることが確認された。

4.4　モバイルミュージアムとソーシャル・ネットワーキング

　本章の最後に，4.2および4.3で紹介した事例におけるモバイルミュージアムの社会評価を振り返り，本書のテーマである「ソーシャル・ネットワーキング」との関連において，モバイルミュージアムの意義と将来像について考察したい。

4.4.1　モバイルミュージアムの社会評価

　東京赤坂オフィスロビー事例（4.2）では，利用実態より明らかとなったのは，モバイルミュージアムを見ることを主たる訪問目的としない観覧者の利用傾向であった。また，普段のミュージアム訪

問経験の少ない観覧者の来場が確認できた。このことから，モバイルミュージアムには人々のミュージアムに対するアクセス機会の拡大への貢献が認められた。次に，人々の価値意識に与える影響としては，多くの観覧者が高い満足度を示していたことから，観覧者の価値意識に対する肯定的な影響を確認することができた。さらに，「新しい」「珍しい」「面白い」といった観覧者の発話に，新しい肯定的な価値意識の発現が読み取れる等，モバイルミュージアムの展示が異化効果の発現によって人々の価値意識にはたらきかけ，変化を促す作用がある可能性が示された。中長期的にみたときには，見慣れてしまうといった反応があり，初期のみにこの効果が留まるのを免れることはできないかもしれないが，親しみがわく，だんだん興味がわくといった，人々の価値意識に肯定的にはたらくような別の持続的作用があることが推定された。

つづいて，東京丸の内地区仮想事例（4.3）では，モバイルミュージアムに対する潜在的なニーズがあることが示された。すなわち，人々はモバイルミュージアムの展示に関して，展示物，場所，観覧時間帯等に関して具体的な選好を示し，それに適っていれば積極的にモバイルミュージアムを見るための時間を使うという行動意思があることがわかった。したがって，より広範囲における多面的なモバイルミュージアムは，この潜在的ニーズに応える展開可能性であることが確認できたといえる。

このように，前節でみたモバイルミュージアムの事例からは，①アクセス機会の拡大と価値意識の変化について，モバイルミュージアムの効果が実際に検証できたこと，②モバイルミュージアムには，広範囲で多面的な展開可能性への期待が潜在的ニーズに基づき存在することがわかった。つまり，分散可動型のコレクション保

存・活用モデルであるモバイルミュージアムは，都市空間の中で人々にとって一定の社会的有用性を備え，将来的な展開が望まれていることが社会評価の結果として導出された。

4.4.2　次世代ミュージアムモデルとしての利点

つづいて，モバイルミュージアムについて，ソーシャル・ネットワーキングの観点から，ミュージアム側および利用者側のそれぞれにとって，次世代ミュージアムモデルとしての利点を3つにまとめる。キーワードとなるのは，「ノード」「リンク」「ネットワーク」である[13]。

まず1つは，ミュージアムの活動に参加する人々の拡大とつながりを創造する推進力である。コレクションがさまざまな空間に出ていくことは，ミュージアムというハコの中に留まらず，人々の生活空間のなかに新たなノードを作り出すことになる。これはミュージアムが活動領域の基盤を人々の生活空間内に新たに獲得することにほかならない。そのノードには，普段ミュージアムに足を運ぶことが少ない人々もアクセスする。ノードにはリンクが付随し，周辺のさまざまなものとつながりを構築し始める。つまり，利用者は身近な生活空間でミュージアムにアクセスし，これまで見たことのないものを目にしたり，知らなかった情報を手に入れたりすることが可能になる。そして，ミュージアム・コレクションの情報やそれを見る体験を共有する機会を新たにリンクとして拡大していく。例えば，東京赤坂オフィスロビー事例（4.2）で，時間の経過とともに人々が展示物の名前を具体的な発話に挙げていたことは，その証左といえよう。このとき，モバイルミュージアムの特徴である機動性や浸透性の高さ，与件に応じた組み合わせの自在さは，リンクの拡

大を大いに推し進めることになるだろう。

　2つめは，ミュージアムのネットワーク強化である。モバイルミュージアムというミュージアムの存在様態の先にあるのは，展示物1つを最小単位とする，さまざまな空間内に分散配置されたネットワーク状のミュージアムの姿である。ネットワークは継続性と反復性によって強化されていく。モバイルミュージアムの展示ユニットが社会の中で常に現在進行形で遊動状態を維持し，循環する様が示すのは，このネットワーク強化の過程である。しかも，モバイルミュージアムは人々により多くのアクセス機会を生み出し，価値意識に影響を与えることで，ミュージアムに関する知的活動のアピール効果をもたらし，結果，人々の理解を促進することが期待できる。東京赤坂オフィスロビー事例（4.2）で，人々の発話から新しい肯定的な価値意識の発現が推定できたことは，この効果の具体的な現れと考えられるだろう。したがって，ミュージアムにとって，モバイルミュージアムは新たな活動基盤ネットワークの強化を行うための効果的なモデルであるといえよう。一方，利用者にとって，ネットワーク状に張りめぐらされたミュージアムで展示ユニットが循環していく遊動状態とは，一定期間を経ると常に未知のものに遭遇できる，あるいは既視のものに再会できるミュージアム体験となる。東京丸の内地区仮想事例（4.3）で確認されたように，モバイルミュージアムは潜在的ニーズに応える展開可能性をもっている。人々にとって新鮮な，あるいは懐かしいミュージアム体験が同時多発的に起こるネットワークが強化されていくことは，人々がミュージアム・コレクションの価値を最大限に活用する図式となっていくだろう。

　3つめは，社会における文化的価値の創造である。コレクション

や展示コンテンツをミュージアムの外に持ち出し，利活用を図ることは，従来モデルの枠組みを越えたミュージアムの活動領域を開拓し，空間やコレクションに新たな価値や意味を付与することを可能とする。東京赤坂オフィスロビー事例（4.2）で，モバイルミュージアムが人々の価値意識に肯定的なはたらきかけを行い，変化を促進していた可能性が推定されたように，モバイルミュージアムには，文化的空間と文化的体験を新たに創出することが期待される。それは新たなノードの創出のみならず，新たな意味のリンクを生み出し，新たな文脈のネットワークを切り開いていく。ミュージアムという公共の場所における展示公開や複製による大量生産が，芸術作品に「礼拝的価値」から「展示的価値」への質的転換をもたらしたことを指摘したヴァルター・ベンヤミン（Benjamin, Walter Bendix Schönflies）は，大衆が芸術受容の母体となったことで芸術作品に対する従来の態度の一切が新しくなったと述べ，その態度を「くつろいだ鑑賞」と呼んでいる[14]。モバイルミュージアムは人々の日常空間に入り込み，見る側にとって必ずしも意図せず，ふとそれが目に留まるような「くつろいだ鑑賞」スタイルを提供している。このモバイルミュージアムの鑑賞スタイルは，サードプレイスとしてのミュージアム像にも通じる。つまり，モバイルミュージアムは，ミュージアム側が社会に提供する新たな文化的価値とともに，利用者側がそれを享受するスタイルにも革新をもたらしているといえよう。

4.4.3 モバイルミュージアムの未来

最後に，「レイヤ」，すなわち本書における「マトリクス」（1章参照）という概念を切り口に[15]，モバイルミュージアムの未来像を

描いてみたい。モバイルミュージアムは物理的な可動性により，1つのハコとしてのミュージアムの制約から離れることができる。これによって，もともとあった文脈を切り取り，違う場所に持ち込むことも，また新たな文脈を作り出すことも可能である。社会とのつながりを文脈ごと変化させ，創造していく。その営みはミュージアムのソーシャル・ネットワーキングの一形態そのものといっても過言ではないだろう。

4.2で取り上げた東京赤坂オフィスロビー事例は都市空間内における単独のマトリクスとして，ミュージアム・コレクションの利活用の機会を社会に開いている。それに対し，4.3でみたように，東京丸の内地区仮想事例は圏域遊動ネットワーク型を特徴とし，さまざまな性質の空間が複数関わるマトリクスも存在しうる。しかも，それらは同時に存在したとしてもまったく排他的ではない。

また，1つのミュージアムの1つのモバイルミュージアム・プロジェクトだけでなく，複数のプロジェクトが重なり合い，さまざまな空間で発展していく可能性がある。あるいは複数の館が行うプロジェクトが，意図的であるかどうかにかかわらず，つながりをもち，1つのマトリクスを構成することも考えられる。さらに，モバイルミュージアムの展示ユニットとそれが持ち込まれた空間にもともとあったもの，例えば町の風景，ショーウィンドウ，都市を遊動する人々とがリンクしたマトリクスもあり得る。すなわち，ミュージアムと非ミュージアムとが共存するマトリクスである。

このように，コレクションを流動化することでミュージアムではない空間内にコレクション持ち出し，さまざまな文脈において，その利用機会を生み出すというモバイルミュージアムの特徴は，重層的で同時多発的なマトリクスの発展を推進するという意味におい

4章　モバイルミュージアム構想

て，ソーシャル・ネットワーキングの発展に資する未来があると期待できる。

　これは「キュレーション」という行為を考えたときに，利用者を巻き込んだ社会現象となる可能性が見えてくるだろう[16]。選別し，組織化・体系化し，提示することで付加価値を与える行為をキュレーションと定義するならば，ミュージアム・キュレーターによるプロフェッショナルの仕事のみならず，従来は受け手側であったアマチュアによるキュレーションも存在しうる。上述したマトリクスの一例がモバイルミュージアムを企画したミュージアム・キュレーターが意図したものであったとしたら，さらに利用者は自分の感性や価値観で展示物と町の風景とを切り取り，つなげ，他者と共有するために発信を行い，また別のマトリクスを構築していくことができるだろう。

　本稿では「ソーシャル」はもともとの「社会的な」という意味合いでのみ用い，電子メディアを利用する方法的意味合いでは用いていない。ただし，それはモバイルミュージアムの現在や未来に電子メディアが無関係ということではない。本稿で取り上げた事例からは，モバイルミュージアムの分散可動型によるコレクションの保存・活用方法の社会的有用性が示されたが，この事例にみるモバイルミュージアムのあり方のみがその有用性に寄与するものではないという点は確認しておく必要があるだろう。

　今日では，情報技術の進歩により，仮想空間が日常的なものとして，人々の生活に身近な存在となっている。したがって，デジタル技術は，ミュージアムにおいても，コレクションの記録や調査のためだけでなく，展示用の複製の作成や個人レベルでのコレクションの活用に大いに貢献している。例えば，コレクションのデータベー

ス化を行い，専門家あるいは一般の人がウェブ上でコレクションの画像や情報にアクセスできるという仕組みはいまや常識といっても過言ではない。このように，実物を見るためにミュージアムに足を運ぶ行為に対して，デジタルによるヴァーチャルな鑑賞体験を利用者が得ることも，集中固定型に対応する分散可動型によるコレクションの高度利活用であるとみなすことは可能である。

巷の人々の日常生活には仮想空間や仮想物という実体のないものがあふれている。そのような状況下だからこそ，東京大学総合研究博物館がこれまでに実現してきたモバイルミュージアムでは，非ミュージアム空間に持ち出すコレクションの物性が際立ってきたことは間違いない。しかし，互いに排他的でない複数のマトリクスを生み出すネットワーク展開を推進していくモバイルミュージアムにとって，ヴァーチャルというマトリクスの存在可能性は，ミュージアムと利用者の双方の創造性に寄与していくものとして未来に開かれているだろう。

付記

　モバイルミュージアムに関するこれまでの研究では，東京大学総合研究博物館のスタッフをはじめ，学内外のさまざまな方にご意見やご協力を賜った。個別の名前は割愛させていただくが，ここに心から感謝の意を表したい。

引用参考文献・注 ─────────────────
1：西野嘉章『モバイルミュージアム　行動する博物館：21世紀の文化経済論』平凡社，2012, p.45-46.
2：同上，p.40-43.
3：ブレヒトはいくつかの著作の中でこの「異化効果」について言及しているが，例えば，「真鍮買い」の対話の中では，「感情同化が特殊な出来事を日常的な出来事にするとすれば，異化は日常的な出来事を特殊なものにす

る」と述べられ，「異化」が見慣れたものや日常的なものを見慣れぬ異常なものに見せる芸術的手法を指す言葉として用いられている（ブレヒト，ベルトルト「真鍮買い・演劇の弁証法・小思考原理」千田是也訳『ベルトルト・ブレヒト演劇論集1』河出書房新社，1973，p.132.）。

4：デイヴィッド・スロスビー，中谷武雄・後藤和子監訳『文化経済学入門：創造性の探究から都市再生まで』日本経済新聞社，2002，p.79-84.

5：東京大学総合研究博物館．"モバイルミュージアム・リスト"．東京大学総合研究博物館．（オンライン），http://www.um.u-tokyo.ac.jp/mobilemuseum/mobilemuseum_full_list.pdf，（参照 2018-06-09）．

6：ウヴェ・フリック，小田博志監訳，小田博志，山本則子，春日常，宮地尚子訳『質的研究入門：〈人間科学〉のための方法論』春秋社，2002，p.5-24.

7：調査員には，東京大学総合研究博物館の西野嘉章教授が担当する博物館工学ゼミのスタッフおよび学生に協力いただいた。

8：KH coder は内容分析（計量テキスト分析）もしくはテキスト・マイニングのためのフリーソフトウェアであり，ウェブサイトからダウンロード可能である（樋口耕一．"KH coder"．（オンライン）．http://khcoder.net/，（参照 2018-06-09））。

9：第1回目と第2回目以降では，有効サンプル数に対する総抽出語数に大きな変化がみられる。これは，第2回目以降の調査では，焦点インタビューの方法を用いて，第1回とは質問の仕方を変更したことに由来するものと考えられる。ここでは，展示の印象を尋ねたオープン・クエスチョンの質問に限定し，第1回から第6回までの分析結果を見ることにした。

10：定量テキスト分析は，データ中から語を自動的に取り出し，その結果を集計し，または多変量解析にかけることによって，分析者の予断をなるべく交えずにデータの特徴を探ることができる点を特徴とするが，前後の文脈を確認のうえ，異なる単語によってまったく同じものを指していると判断された場合はまとめて集計を行った。次の形容詞・形容動詞に関しても，全体としての傾向を把握するために，同様に類似語はまとめた。

11：クラウス・クリッペンドルフ，三上俊治・椎野信雄・橋元良明訳『メッセージ分析の技法：「内容分析」への招待』勁草書房，1989，p.54-55.

12：東京大学総合研究博物館が2007年10月24日に作成したモバイルミュージアム会議資料よりシート03を参照した。

13：アルバート＝ラズロ・バラバシ，青木薫訳『新ネットワーク思考：世界

のしくみを読み解く』NHK 出版，2002，p.18-40.
14：ヴァルター・ベンヤミン，野村修編訳『ボードレール他5篇』岩波書店，1994，p.104-105.
15：佐々木俊尚『レイヤー化する世界：テクノロジーとの共犯関係が始まる』NHK 出版，2013，p.200-213.
16：スティーヴン・ローゼンバウム，田中洋監訳・解説，野田牧人訳『キュレーション』プレジデント社，2011，p.11-39.

5章

事例研究

　本章では，ミュージアムのソーシャル・ネットワーキングの可能性を具体的なかたちとして実現した事例を3つ紹介する。

　国立科学博物館が中心となったプロジェクトの事例では，ミュージアムの教育機能である学習プログラムのデータベースの開発から運用に至るまでを紹介する。各館の独自の学習プログラムの分析・理解と再構成を担った全国20館以上のミュージアムのスタッフは，横断的に他館と情報交換を行い，協力と競争によってプログラムの量と質を向上させた。そして，完成したデータベースと一般の利用者を結びつけるために，SNSは重要な役割を果たしている。

　三重県総合博物館の事例では，県が進めた複数の教育・文化施設の機能の分解と再構成の過程で，新たな活動理念が検討された。SNSは市民とのコミュニケーションで欠かせない役割を果たした。

　美術展覧会鑑賞ログであるブログ「青い日記帳」の事例は，一般市民がネットを活用して始めたことが，複数のミュージアムと市民のネットワークを構築するまでの成長・発展を扱う。一個人がミュージアムと対等に，あるいは特定の機能ではそれ以上の力をもつことによってミュージアムを支援することが可能になった事例である。

　以上の3事例から，ミュージアムとソーシャル・ネットワーキングのさらなる展開の可能性を感じてもらえれば幸いである。

5章 事例研究

事例1

PCALi（ピ☆カ☆リ）科学リテラシーパスポートβについて

A. PCALi の概要

2012（平成24）年度から2016（平成28）年度まで，国立科学博物館の教育担当職員を中心とした研究チームによって，博物館の学習プログラムのデータベースをはじめとする多くの機能を備えたオンラインシステムが開発・運用された。通称「PCALi（ピ☆カ☆リ）」（以下，PCALi），正式名称「科学リテラシーパスポートβ」である。

本システムは，インターネット上で無料公開され，インターネットの利用者と教育普及担当の学芸員がつくるデータベースと SNS を利用したサービスであった。システム中のデータベースにアクセスして利用登録を行えば，後述する機能が使用可能となる。利用登録後に使える機能は，一般利用者権限，学芸員権限とで分かれており，それぞれが利用可能な機能をまとめた（表1）。

本システムは，博物館で来館者向けに行われる，学習支援事業（学習プログラム）の内容を学芸員が集積して管理するデータベースである。だが，機能はデータの検索・閲覧にとどまらない。各学習プログラムのデータに対し，閲覧者はその権限にかかわらずコメントを残すことができる。書き込まれたコメントは，該当する学習プログラムの作成者である学芸員に通知されるため，学芸員はこれに返信することもできる。

事例1　PCALi（ピ☆カ☆リ）科学リテラシーパスポートβについて

表1　PCALi（ピ☆カ☆リ）の機能

(2014年5月31日現在，○：一般利用者権限で利用可能，●：学芸員権限で利用可能)

受講者	学芸員	機能
○	●	学習プログラム検索・閲覧
○		学習プログラム受講予約
○		学習プログラム受講履歴
	●	学習プログラム作成履歴
○	●	学習プログラムへのコメント付加
○		学習プログラム自体や，自分の学び・社会参加等に対するアンケートの実施
	●	学習プログラム内容登録
	●	学習プログラム受講受付
	●	一部のアンケートの結果閲覧

B. 利用者と学芸員のメリット

　このシステムで一般利用者が享受できるメリットは多々ある。学習プログラムの検索・閲覧機能によって，自分が利用したことのない博物館の学習プログラムの内容を調べられる。検索した学習プログラムが本システム上で受講を受付中であれば，一般利用者は受講予約を行うこともできる。さらに実際に参加した学習プログラムに関しては，受講を履歴をマイページに記録できる（図1）。受講後に自動送信されてくるメールをもとに，学習内容を後日ふりかえることもできる。また，コメントを介して，学習プログラムの素朴な感想を他者と共有し，他の一般利用者や学芸員を交えて深く議論することができる。そうして一般利用者の博物館利用形態を共有すれば，他の人の利用形態を参考にして自分の学習利用に見通しを得て，効果的な博物館活用が可能となると考えられる。

5章　事例研究

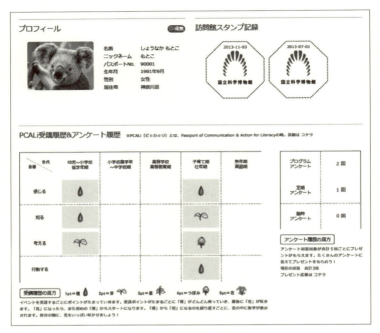

図1　PCALi（ピ☆カ☆リ）一般利用者マイページ

　学芸員が享受できるメリットとしては，まず学習プログラムを公開することで，学芸員や一般利用者から直接コメントを得る機会ができることである。また，他の学芸員の学習プログラムを閲覧できるので，自分のプログラム開発のヒントを得られる。本システムに集積された学習プログラムは，それぞれ個別に著作権等の表示を有し，その許諾の範囲に限って利用可能であり，翻案，改変等が許諾されている学習プログラムについては，学芸員は自らのアイデアを加えて作り直すこともできる。自分の学習プログラムに関して一般

事例1　PCALi（ピ☆カ☆リ）科学リテラシーパスポートβについて

利用者にアンケートを送り，受講に対する反応を効率的に集めることもできる。

すなわち，PCALiは，これまで直接やり取りすることが難しいと考えられていた，博物館の学習プログラムの受講者と，学芸員という，2つのレイヤの相互作用を生み出す「場」としても働きうるし，受講者間，学芸員間というそれぞれのレイヤ内部においても，世代や性別その他の社会的区別を超えて人々の交流も可能な「場」になりうる（図2）。

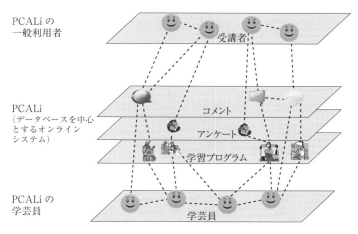

図2　PCALi（ピ☆カ☆リ）のレイヤ概念図
出典：小川義和「知の循環型社会における対話型博物館機能の提案」[1]を著者らが改変

5章　事例研究

C. 各レイヤにおける交流

ここからは，PCALi の各レイヤで起こった事実について述べてみたい。

PCALi システムを通してわかってきた学芸員間の交流による変化である。

他館で開発した学習プログラムを利用可能であるため，他館で実績ある新規プログラムを自館に簡単に導入することができる。実際に国立科学博物館で実施した学習プログラムは，旭山動物園で開発されたものであるが，利用する教材情報や協力者の人脈，要改善点を共有することができ，自館なりの改良を施せば新規開発が可能となり，新規イベント立ち上げを省力化することができた。

さらに，研究活動を通して PCALi 協力館同士の学芸員の交流を通して，複数館が協力してプログラムを企画・実施することが可能となった。例えば，本研究の関東地区協力館では，千葉市科学館と千葉県立中央博物館が，食中毒や鳥インフルエンザといった生活に直結する公衆衛生関連のテーマで，学芸員が協力しあって学習プログラムを開発実施している。また，九州地区協力館では，リレー形式で九州大学総合研究博物館・マリンワールド・九州産業大学美術館が館種を超えてワークショップを展開し，最後に CLCworks が全体を振り返りうるまとめの絵本を作るワークショップを行った。このように，共通のテーマで地域の複数館が協力しあうことで，お互いの来館者を相手の館へ行くように促しあうことが可能であり，館としては受講者確保が容易となる。受講者にとっても普段から通い慣れた博物館以外へ出向き，館ごとに異なる切り口から新たな学びのきっかけを得ることができる。

事例1　PCALi（ピ☆カ☆リ）科学リテラシーパスポート β について

D.　課題

　以上のように，複数館の学芸員同士が交流しあえることの利点は多いが，一方で複数館が足並みを揃えて単一の研究プロジェクトに参加することならではの困難もある。

　例えば，本研究の資金は研究代表者が獲得した科学研究費であるが，個人単位で助成される研究費という性質上，博物館の学習プログラム実施という組織的な取り組みに対して各館全体の協力を願うのが困難である場合がある。したがって，場合によっては本研究への協力によって研究協力者の学芸員個人の負担が高まるという実情がある。

　また，PCALi システムでは，受講者に対してアンケートを含む学習プログラム情報を自動送信し，受講者はそれらをパソコンかスマートフォンといった IT 端末を用いて回答・検索・閲覧することになる。しかし，地域や世代によって受講者の IT 端末に対する利用率にばらつきがあり，効率よく情報の授受ができていない可能性がある。すなわち，研究データの収集にオンラインのシステムを使うことが必ずしも便利とは言い切れない。

E.　SNS 機能と利用傾向

　他方，PCALi は，システム独自の SNS 様の機能をもってはいるが，PCALi そのものの広報には Facebook も利用している。この PCALi の公式 Facebook ページでは，主に研究報告，イベント予告，イベント報告を行っている。このページに「いいね！」を押したファンの割合は，Facebook 全体（2014 年 8 月 8 日現在）に比較して女性の割合が 53% と，7 ポイントも多い数字になっている。

5章　事例研究

また，全体に比べて，特に女性では25〜54歳のファンが多く，男性では13〜34歳のファンが少ないのに対して35歳以上の全階層のファンが多いという傾向がある。また，地方ごとの学習プログラムの実施数によらず，アクセスは関東地方の都市から集中しているという傾向もある。リーチが多い記事は，傾向としてイベント報告，それも学芸員や受講者といった人物の写真が載ったものに対して集中する傾向があるようにも見受けられる。

SNSでのおおまかなファン層の把握と合わせて，さらに本システムで独自に取得したアンケートの結果は，PCALi会員の博物館利用傾向を表すものとしていくつかの分析結果が発表されているので紹介する。博物館での学習に興味がある人のインターネット利用傾向の参考としてほしい。

先述したように，PCALiシステムは，研究協力館の学習プログラムを中心とした博物館資源を公開し検索可能とした上で，博物館学芸員や教育普及担当者（ユーザM）と全世代の一般市民（ユーザP）のシステム内の挙動を記録することができる。

この機能を用いて，ユーザMとユーザPのログイン後のシステム上での挙動を調査した。ユーザMは他施設の学習プログラムを参照していることが観察された。例えば，自分の所属館の存在する都道府県以外の学習プログラムについても参照した形跡がみられた。また，ユーザPは特徴的な挙動を示す世代があることが判明した。学習プログラムは「感じる」「知る」「考える」「行動する」の4つの目標別に分類されてデータベースに入力されているが，ユーザPは全体的に「感じる」に分類される学習プログラムを参照する傾向が高く，熟年期・高齢期層のみは「知る」に分類された

事例1　PCALi（ピ☆カ☆リ）科学リテラシーパスポートβについて

学習プログラムを参照する傾向が高かった[2]。

　また，PCALi協力館の学習プログラムを受講する層についても，いくつかの利用傾向があるとみられるため，これに合わせたSNSの利用も考慮できるかもしれない。
　例えば，学習プログラムを頻繁に受講する層の中でも，「単一の博物館で実施されるイベントに参加し続ける者「レジデント」」，「複数の博物館のイベントに参加する者「ノマド」」が存在し，これらの層にはさらに「動物」「身近な自然」など個人の興味に基づいた一貫したテーマについての学習プログラムを積極的に受講する「クラスタ」が存在すると考えられた[3]。

　このように，博物館がSNSないしそれに付随するようなインターネットサービスを使用することで，博物館のファン層がどのような好みをもっているのかを知ることができる。
　アンケートは先に述べたSNSに比較して，より詳しい個人情報を扱うため，ファン層をより深く知ることはできる。しかし，個人情報の保護の観点から，プライバシーの高い情報を博物館職員が直接扱わざるを得ない可能性の高い独自アンケートより，すでにSNS事業者によってマスクされた情報を扱えるSNSのほうが，博物館職員にとっても安全性の高い手段であるとも考えられる。今後はSNSならではの長所を生かしたデータ収集方法を工夫することもできるであろう。

　本システムは，2013(平成25)年7月にリリースされ，2017(平成29)年3月現在で785件の学習プログラム登録があり，これら学習

5章　事例研究

プログラムは 27,000 人を超える方々に体験いただいた。また，学芸員権限では 60 名超の登録があった。寄せられる学習プログラムは，人文系・科学系の別なく，学芸員の所属組織も博物館，美術館，動物園，水族館，大学と多岐にわたる。科学リテラシーが 21 世紀型の幅広い問題解決能力である性質上，科学系博物館に限らず広い範囲で展開することが好ましい点に留意されたい。学芸員が所属（当時）した PCALi 協力館・組織一覧を表 2 に示す。

付記

　本研究は平成 24〜28 年度 JSPS 科研費 基盤研究（S）「知の循環型社会における対話型博物館生涯学習システムの構築に関する基礎的研究」（課題番号：JP24220013）の成果である。

引用参考文献・注

1：小川義和「知の循環型社会における対話型博物館機能の提案」（日本ミュージアムマネージメント学会第 18 回大会指定討論，東京家政学院大学）『日本ミュージアム・マネージメント学会会報』通巻 67（Vol.18-2），2013，p.22-23.
2：原田（庄中）雅子，本間浩一，小川義和「対話型博物館生涯学習システム PCALi の利用履歴に見る博物館職員・一般市民の博物館資源利用傾向に関する考察」『日本ミュージアム・マネージメント学会研究紀要』第 21 号，2017，p.37-44.
3：奥山英登「博物館の利用者像」『知の循環型社会における対話型博物館生涯学習システムの構築に関する基礎的研究　平成 24〜28 年度科学研究費助成金（基盤研究（S））研究成果最終報告書』2017，p.18-26.

事例1　PCALi（ピ☆カ☆リ）科学リテラシーパスポート β について

表2　PCALi（ピ☆カ☆リ）協力館・組織一覧

北海道地区

- 旭川市旭山動物園
- 旭川市博物館
- 旭川市科学館サイパル
- おびひろ動物園
- 美幌博物館

東北地区

- ふくしまサイエンスぷらっとフォーム
- 郡山市ふれあい科学館スペースパーク
- ムシテックワールド

関東地区

- 千葉県立中央博物館
- 千葉市科学館
- 茨城県自然博物館
- 神奈川県立生命の星・地球博物館
- 東京都美術館
- 科学技術館
- 国立科学博物館

関西地区

- 滋賀県立琵琶湖博物館
- 能登川博物館
- 西堀榮三郎記念探検の殿堂
- 近江商人博物館
- 世界凧博物館東近江大凧会館
- 岐阜県博物館

九州地区

- 海の中道海洋生態科学館マリンワールド
- 九州大学総合研究博物館
- 九州産業大学美術館
- CLCworks

インドネシア

- タマンピンター・サイエンスセンター

2017年1月現在

事例2

MieMu（みえむ）
―― 三重県総合博物館のSNS利用

A．MieMu（みえむ）―― 三重県総合博物館の概要

　三重県総合博物館は，三重県津市に所在する県立の総合博物館だ。その前身は，東海地方で初めての総合博物館として1953（昭和28）年に開館した旧三重県立博物館である。三重の自然と歴史・文化を物語る収蔵資料を引き継ぐとともに，新たに公文書館機能も加わり，2014（平成26）年4月19日に新築移転して新たなスタートを切った。近隣には文化会館や図書館を備えた三重県総合文化センター，県立美術館も立地しており，「文化交流ゾーン」として県立文化施設が集積している。

　三重県総合博物館の活動理念は，「ともに考え，活動し，成長する博物館」だ。この理念は，2008（平成20）年度に「新県立博物館基本計画」が策定されて以来，新博物館整備の土台として受け継がれてきた。2014年の開館に至るまで，一人でも多くの方に「わたしの博物館」だという実感をもってほしいと願い，活動理念の実践としてMMM（みえ・マイ・ミュージアム）プロジェクト[1]をはじめ，多くの参加型事業に取り組んできた（図1）。MieMu（みえむ）という愛称も，その一環として名付けていただいたものだ。この愛称には，"三重のミュージアム"と"三重の夢"という2つの意味が込められている。まさに，参加体験型を標榜する「第3世代の博物館」，そして三重の多様性の力を活かした人づくり・地域づくりを

事例2　MieMu（みえむ）

図1　地域の子どもたちと調べたお雑煮分布マップ

使命とする当館にふさわしい愛称である。

　私たちは、博物館の主役は実際に利用していただく方々だと考えており、気軽に足を運んでいただくための空間づくりにも大きな特徴をもたせた。それは、観覧料を必要とせず誰もがいつでも利用できるエリアを広くとったことだ。このエリアは、「交流創造エリア」と名付けており、公園のように開放的なこども体験展示室や、三重に関連した図書が閲覧できる学習交流スペース等が用意されている（図2）。このような設計にしているのは、展示を観るだけでなく、興味関心を同じくする人たち同士で交流したり、感じたことを自分なりに表現したりと、ミュージアムは多様なつながりが生まれる場だと考えているからだ。いつ訪れても、何かしらいつもと違う"新しい世界の見方"に出会える。そうした場を、MieMuに関わる人たちとともに、みんなで育てていこうとしているのだ。

191

5章 事例研究

図2 交流創造エリアを臨む

B. SNS導入の経緯

前述したように，当館の活動は「ともに考え，活動し，成長する博物館」という活動理念に基づいて行っている。この理念を実践する方策のひとつとして，SNSの導入を2012(平成24)年度から段階的に進めてきた。当初の最も大きな目的は，新博物館の開館に向けて整備状況を広く知ってもらい，MieMu自体に関心を深めてもらうようにすることだ。開館以降は，広報ツールとしてだけではなく，運営改善のシステムのひとつとして，当館の活動を支えている。これについては，後に詳述する。

■ Twitterの導入

2012年の夏から本格的に館内で議論が行われ，まずはTwitterから導入を始めようという結論に至った。最初にTwitterを選択した理由は2つある。まず1つは，全国の美術館を中心にすでにTwitterの導入実績があったことだ。おもに展覧会の告知等，館側

からの情報提供を中心に運用されており，総合博物館である当館と館種は異なるが，ミュージアムや文化に関心をもつ人に向けて情報発信を行うのに有効だと考えた。

　もう1つは，情報の即時性が高いことだ。Twitterは時間が経てば，投稿した記事がどんどん押し流されてしまう。後でじっくりと読むよりも，今この瞬間に起こっていることを伝えるのに向いていると考えた。この前年度に行われた「みんなでつくる博物館会議」[2]では，試行的に当該事業限定のTwitterアカウントを作成して会議の実況中継を行っていた。その際，Twitter内でも意見のやり取りが看取でき，その経験を踏まえて公式アカウントの開設に踏み切った。2012年10月より「三重県立博物館公式アカウント（現在は引き続きMieMu（みえむ）：三重県総合博物館として運用）」として滑り出したのだ。

■ Facebookの導入

　Twitterの導入から約1年後の2013(平成25)年8月，新博物館の愛称の記者発表をきっかけに，広報展開にさらなる進展が求められることとなった。愛称と同時に，テーマカラーやコミュニティシンボルを発表することが決まり，"旧三重県立博物館"から"MieMu"へと新たにブランドイメージを作り出し，浸透させる必要性に直面したのだ。

　Facebookに期待された点は，次の2つだ。1つは，発信した情報がTwitterのようにフローのままで終わらず，ストックに変換されていくことだ[3]。ミュージアムは，資料や情報を集めて成り立っており，記録しストックすることが活動の価値を高めることにつながる。もう1つは，現実世界での知人の口コミを通じて，従来の博物館利用者以外にも認知が広がることだ。Facebookは実名での利

用者が多いとされ、発信者が明らかになることで情報に対する信頼性も高まると考えた。

新館への引っ越しの真っ最中だった2013年8月初旬、新たにFacebookページが開設され、当館のSNS展開は、整備から日々の運用へとフェーズが転換した。

C. SNSでつくる「日常の中のミュージアム」

さて、どのような目的をもって当館でSNSを導入してきたかについて紹介した。ここでは、SNSを活用して、どのような場をつくろうとしているのかについて、日々の運用の中で考えていることを交えて述べていきたい。

SNSの導入は、当初は単純に館側からの情報発信を意図していた。テレビ・新聞等のマスメディアのほか、直接発信できるSNSもひとつの広報媒体として、MieMuの情報の流通量を増やすことが目的だった。広報活動として情報の流通量の増加は重要だが、世間にはすでに情報が溢れかえっているのが現状だ。ミュージアムがSNSを使う意味を改めて見つめ直すと、人々の日常の中にミュージアムの気配が感じられることが大切なのではないかと考えた。ミュージアムは、古く暗く、静かで敷居の高い場所だというこれまでの固定観念を崩し、多くの人にその楽しさを知ってほしいと願うからこそ、全国のミュージアムがSNSで情報発信しているのだと思う。SNSという日常が交錯する場にミュージアムが顔を出し、やがてはそのこと自体が日常に溶け込むことができたら、どれほどミュージアムが身近なものになるだろう。

当館では、開館当初は広報・利用者サービス課、現在では経営戦略広報課がSNSを管理しており、1名の主担当者のほか2～3名

で運用を行っている[4]。発信する内容は，すでに公式発表された情報を再構成したものだが，それぞれのSNSで語り口を変え，より身近な存在として感じてもらえるように心がけている。ネット上とはいえ，SNSは人を相手にするコミュニケーションだ。ミュージアムのSNS担当者は，各館のブランドイメージを大切にしたふるまいを心がけるべきだろう。そのためには，自館の使命や理念を心に留め，運用メンバーで共有しておく必要がある。

■情報の拡散化 ── 情報発信ツール

先述したように，当初の目的は，MieMuの情報をより多くの方に伝えることだ。SNSの導入によって，当館のインターネットにおける情報発信手段は，ホームページに上記2つを加えた3つになった。物理的に情報発信のチャンネルが増えただけでなく，従来の利用者とは異なる層にも情報のアクセスを可能にしたと考えられる。

ホームページは，ある程度目的をもって情報を求める人に対しては，非常に有効だといえるであろう。しかし，ミュージアムに対して日頃あまり関心を抱いていない非利用者に向けて情報を届けるには，最適であるとは言い難い。それに対して，SNSは他者からの投稿によって，非利用者の日常にMieMuの情報が入り込んでくる可能性が高まったのではないか。当館のSNSで発信した情報を元に，実際に来館にまで至った方はそう多くない。展覧会の内容によって若干変動するが，観覧者アンケートでみると，全体の2〜3％が当館のSNSがきっかけで来館したと回答している。当館の事例から考えると，ミュージアムのSNSは直接的に来館動機につながるというよりも，ブランドイメージの浸透に資するところが大きいのではないかと考えられる。

発信手段が増えたことも重要だが，発信する内容もホームページとは性質の異なるものである。他館でも，展示の準備状況といった職員でしか見ることのできない「博物館の裏側」を紹介しているものもあるが，当館ではミュージアムショップ「MieMuSHOP」と連携した商品紹介や館内のおすすめポイント等，「来館した際にMieMuを楽しむための情報」が散りばめられるよう意識している。わざわざホームページに載せるほどではないが，独自性のあるユニークな情報は，ミュージアムの個性を際立たせることができる。

■対話を通じたミュージアムの日常化 —— コミュニケーションツール

SNSの最も大きな特徴は，双方向のコミュニケーションが可能な点だ。しかし，他館では「個別には回答致しかねます」とプロフィール欄に予め断りを入れているものも少なくない。恐らくトラブルを未然に防ぐためだと考えられるが，当館ではSNSがもつメリットをできる限り活かす方向で運用を行っている。SNSでは，ミュージアムや企業等の組織も個人も，アカウントという同じ単位になり，普段は出会わないような人同士が直接やり取りできることが面白さのひとつでもある。

実際のミュージアムという場を想起すると，「来館者／ミュージアム職員」という立場の違いは明確であり，その立ち位置を変えることは非常に難しい。その関係性は「訪れる／迎える」というそれぞれ向かい合ったベクトルに拘束されざるを得ない。だが，SNSという場では，個人の利用者も博物館も同じように対等な立場で対話することができるのだ。

D. MieMuにとってのSNSとは ── ともに創り育む

　開館以来，SNS上ではMieMuの写真とともにコメントが行き交うようになってきた。時折，そうした写真やコメントをきっかけに，言葉を交わすことがある。私たちとの対話を通じて，相手が三重に関心を抱いたり，新しい発見をすることがあったりしたのであれば，それは博物館のSNSとして教育的機能を果たしているともいえるであろう。博物館のSNSは，広報ツールであると同時に，学びを深めてもらう役割も担っているのだ。

　学びを深めるという意味では，利用者の視点から発せられたコメントを見て，私たちが新しい気づきを得ることもある。寄せられた意見やコメントから，展示や館内環境の改善につながることも少なくない。こちらが発したメッセージへの反応を直接見て取ることができるので，利用者がどのような情報を求めているのかを知ることができるのもSNSの良さだ。

　当館では，博物館評価の一環として，開館以降Twitterで「MieMu」または「三重県総合博物館」でキーワード検索をし，当館に対して好意的な印象をもった，もしくは実際に来館してよいと思ったというコメントを記録してきた。その件数は延べ250件以上にのぼり，そのはしばしに「楽しい」や「三重らしさ」といった言葉がみられる。地域の博物館として，三重の面白さにこだわって活動してきた私たちのメッセージが受け止められ，それぞれの人のなかに知的好奇心の芽を芽生えさせることができたのではないだろうか。

　Twitterのフォロワー数は，2017(平成29)年8月末時点で4,749名となった。また，Facebookについては，同時点で3,209いいね！

に達している。こうした数字は，当館のSNSの活動を考える際の
ひとつの参考情報に過ぎないと考えている。しかし，いずれの
SNSも，より多くの方に楽しんでいただけるよう，これからも工
夫できることがあるだろう。

　当館ではSNSを通じて，利用者とともにMieMuの価値をより
高める活動を行っていると考えている。ミュージアムの広報活動
は，その活用方法や，活動のエッセンスを発信することであり，単
に来館者数を増やすことが唯一無二の目的ではない。ミュージアム
の理念や活動を伝え，賛同する人を増やしていくことで，地域にも
ミュージアムを通じた価値が生み出されていく。SNSは，ミュー
ジアムのこれまでの活動を拡張し，より多くの人とともにミュージ
アムの価値を育むことができる可能性を有している。今後も，「と
もに考え，活動し，成長する博物館」として，地域の方々や，利用
者の皆さんとともにMieMuを育てていきたい。

注
1：「MMMプロジェクト」は，開館に向けたさまざまな活動に，県民・利用
者のみなさんに自ら携わっていただくことで，新博物館に思い入れをもっ
ていただけるようにと企画したもので，2012年4月から開始し，のべ約
9,000人にご参加いただいた。
2：「みんなでつくる博物館会議」は，地域住民や博物館の利用者，大学など
の連携先の方，そして博物館職員が一堂に会して，当館の活動について議
論し合う事業だ。この会議は，誰もが参加して自由に意見を言える場であ
り，当館の活動理念を象徴する事業である。2009年度から2016年度まで，
毎年テーマを設けて開催してきた。
3：水嶋（2017）は，経済学の概念であるフローとストックを用いて，資料・
コレクション情報はストック情報であるといえると述べている。展覧会や
イベントの情報は，発信されたその時点ではフローだが，活動や運営の軌

事例2　MieMu（みえむ）

跡として捉えた時，ストックとしての価値を持つと考えられる。
4：廣田（2013）は，組織におけるSNSの運用体制について，「1．中央統制型（各ソーシャルメディアの投稿をすべて経営が管理し，ブランドをコントロールする形式）」「2．自然発生型（自然発生的に社内のあちこちでソーシャルメディアのアカウントが開設されている形式）」「3．チーム同士の協調型（中小企業などで，各部署が独立しつつも連携し，知見を共有しながら運用を行う形式）」「4．チームのHUB化型（大企業などで，各部署を連携させたタスクフォースチームを置く形式）」「5．全社員ソーシャル型（運用チームを特別に作らずとも，社員一人ひとりが自覚を持って発信する形式）」の5つに分類している。現在の当館の運用は「1．中央統制型」だが，理念の実践としては，いずれ「5．全社員ソーシャル型」に移行し，公式アカウントを全員で共有していくのが望ましいと考えている。

参考文献

三重県生活・文化部　新博物館整備プロジェクト「新県立博物館基本計画」2008．

浅生鴨『中の人などいない：@NHK広報のツイートはなぜユルい？』新潮社，2012．

廣田周作『SHARED VISION：相手を大切にすることからはじめるコミュニケーション』宣伝会議，2013．

『三重県総合博物館　年報　通巻1号（平成26年度）』三重県総合博物館，2016．

中村千恵「第6章　みんなでつくる博物館のカタチ」広瀬浩二郎編著『ひとが優しい博物館：ユニバーサル・ミュージアムの新展開』青弓社，2016．

水嶋英治・田窪直規編著『ミュージアムの情報資源と目録・カタログ』（博物館情報学シリーズ第1巻）樹村房，2017．

5章　事例研究

事例3

ミュージアムのSNS事情
―― 青い日記帳

　展覧会の鑑賞ログとして，現・株式会社ザッパラスが提供していた日記サービスを利用し不定期で書いていた「青い日記帳」だが，利用可能容量が満杯になったのを機に，当時急速に普及し始めていたブログへ移行した。移降先は，paperboy & co. が提供するレンタルブログサービス「JUGEM（じゅげむ）」。そこで2004(平成16)年7月14日から書き始めたのが「弐代目・青い日記帳」である。弐代目とはブログ形式で書くことになってから便宜上付けたもので，通称は「青い日記帳」である。

　ブログ「青い日記帳」を書き始めてから今年（2014年）で丁度，10年目となる。スタート当時は展覧会へ行った時に記事を綴っていただけであったが，数カ月も経たぬうちに毎日美術に関する記事をアップするようになった。現在では展覧会レビューを中心に据え，美術関係者へのインタビュー，講演会，美術関連書籍書評など約3,600本の記事を公開している。ミュージアムの直接の関係者でない，あくまでも個人の鑑賞ログとしてスタートさせたものが，10年を経過した今，複数のミュージアムとそれらを利用する市民とのネットワークを構築するまでに至っている。青い日記帳を始めた当初からは思いもよらぬ広がりをみせているのである。幾つかのキー

ワードや事例を示し，過去，現在，そして今後の青い日記帳を見通しつつ，ミュージアムのソーシャル・ネットワーキングについて述べていきたい。

A. 市民とのネットワーク構築

■ブログのアクセス数

「青い日記帳」を運用しているサーバが有料で提供しているアクセス解析によると，ユニークユーザではなく，ブログ記事全体の1日の総アクセス数（ページビュー数）は，日によってばらつきがあるが，約7,000から10,000となっている。参考までに2014(平成16)年6月1日（日）から6月12日（木）までのアクセス数を添えておく（図1）。なお，棒グラフは左からパソコン，iPhone・スマホ，フィーチャーフォンからのアクセス数を示している。

この数の多寡は，それぞれの判断に委ねるとするが，1つの項目，しかもアートというどちらかといえばマイナーな分野に特化しているブログのアクセス数にしては，それ相応のポジションを築けていると自負している。RSSフィード購読者数とソーシャルブックマーク獲得数という2つの指標をもとに，日本国内におけるブログの影響力を測定することが可能なTopHatenar（ブログの人気ランキングサイト）の「購読者数の推移」と「ブックマーク数の推移」を参考までに添えておく（図2）。

TopHatenar
http://tophatenar.com/

5章　事例研究

日付	アクセス数 [PCとスマートフォンとケータイの合計]	PC	スマホ	ケータイ
2014年06月	合計：285790	221899	50021	13870
06月1日(日)＞	11369	8915	2282	172
06月2日(月)＞	10770	8670	1848	252
06月3日(火)＞	10599	8563	1876	160
06月4日(水)＞	9905	8075	1628	202
06月5日(木)＞	10329	8446	1760	123
06月6日(金)＞	10037	8268	1490	279
06月7日(土)＞	9517	7610	1636	271
06月8日(日)＞	10050	7924	1948	178
06月9日(月)＞	9668	7918	1629	121
06月10日(火)＞	9320	7716	1469	135
06月11日(水)＞	9108	7460	1555	93
06月12日(木)＞	9660	8031	1506	123

図1　ブログ「青い日記帳」アクセス数

事例3　ミュージアムのSNS事情

購読者数の推移

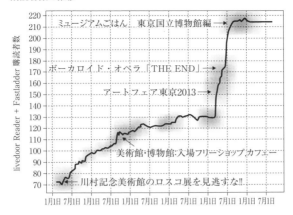

ブックマーク数の推移

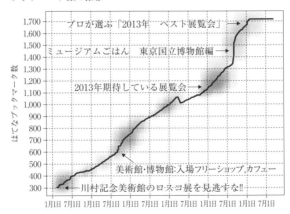

図2　ブログ「青い日記帳」アクセス数の推移

5章　事例研究

■ブログの影響力

　青い日記帳を読んで市民がどのような影響を受けたか，つまり具体的に最終的に足を運んだかについては残念ながら知る術がないが，ミュージアムのサイトへのアクセス経路（導線ランキング）を都内の某美術館に協力してもらい調べた結果をみると，Google, Yahoo! といった大手検索サイトも含めた中で，青い日記帳は 13 位という非常に高い位置にあるということがわかった。個人メディアの影響力が顕著に表れていることを容易に読み取ることができる（表1。情報開示範囲は限定し，資料を一部黒塗りしてある）。

■Twitter

　現在，「taktwi」のアカウントで日常生活のつぶやきを交え，ミュージアム，展覧会に関するツイートを行っている（https://twitter.com/taktwi）。2014（平成 16）年 8 月現在フォロワー数は 8,600 を超える。

　ブログ同様にどれほどの影響力を有しているのか把握していない。そもそもそれを意識してのツイートは皆無に等しく，何気なく自分が興味関心を抱いたものが，数多く RT（リツイート）されたり，ふぁぼられたりしている不可思議で予測不能な状況である。

　しかし，なかには短時間の内に 1,700 以上も RT された投稿もあり，翌日の情報番組でも取り上げられた。ブログと違い Twitter は，普段はアートや展覧会に興味関心のない人にまでリーチする可能性を有しており，この点がこれまでにない新たな展開の可能性を示している。

　　東京国立博物館「大神社展」
　　https://twitter.com/taktwi/status/321145373735399425

事例3　ミュージアムのSNS事情

表1　アクセス解析レポートの参照元（詳細）

No	参照元	訪問数	ページビュー数	新規訪問数	新規訪問の割合(%)	直帰率（%）	平均滞在時間
1	google	49,406	190,451	25,512	51.6	42.3	165.3
2	yahoo	27,504	117,820	13,705	49.8	39.6	157.7
3	(direct)	26,565	84,429	16,091	60.6	50.9	127.5
4		3,030	20,171	1,596	52.7	17.3	231.5
5		2,897	5,528	1,952	67.4	72.9	51.0
6		2,854	9,948	1,878	65.8	44.4	133.2
7		2,596	8,453	1900	73.2	48.2	105.8
8		2,330	3,696	1923	82.5	77.9	44.6
9		2,116	10,152	1053	49.8	31.2	197.8
10		1,598	1,892	1309	81.9	92.9	22.1
11		1,055	4,200	496	47.0	42.4	154.3
12		917	1,957	708	77.2	72.2	65.1
13	bluediary2.jugem.jp	797	3,160	312	39.2	44.8	126.6
14		719	1,655	526	73.2	76.9	81.1
15		702	2,337	533	75.9	43.5	110.2
16		673	3,443	325	48.3	28.2	178.4
17		631	1,556	477	75.6	68.8	72.1
18		578	2,244	324	56.1	23.9	120.4
19		570	1,048	420	73.7	66.3	77.5
20		547	3,011	232	42.4	22.7	188.0
21		368	1,223	181	49.2	48.4	147.7
22		329	1,654	227	69.0	34.0	165.0
23		327	813	190	58.1	70.0	80.1
24		305	1,990	152	49.8	15.1	202.6
25		303	1,207	212	70.0	31.7	108.4

※滞在時間は秒数で表示しています

その他，ここ1カ月間で反響の大きかったツイートは以下である。

    サントリー美術館「高野山の名宝展」
    https://twitter.com/taktwi/status/496295212105224192
    東京国立博物館「日本国宝展」
    https://twitter.com/taktwi/status/498145782755651584
    クリエーションギャラリーG8「MT×G8」
    https://twitter.com/taktwi/status/499116887054094336/

■ Facebookページ

　筆者個人のFacebookは友人のみの公開となっており更新頻度も決して高いものではないが，青い日記帳のFacebookページはブログ記事の公開と合わせて情報発信を行っている。Facebookページ自体の「いいね」（購読者）数は2014年8月現在で約2,850程であり，Twitterのフォロワー数に比べ少ないように思えるが，ここでの記事のリーチ数は約2,000から多いものでは5,500にも達するものもある（図3）。アートに興味関心のある人（「いいね」してくれている人）からその友達への拡散という意味では，Twitterとは微妙に広がり方のニュアンスを違え，展覧会告知，ひいてはミュージアムに足を運ぶことに大きな影響を与えているといえよう。

■ さいごに

　ブログ，Twitter，Facebookそれぞれ，何人が直接の影響を受け実際に行動に移したかを知る術はなく，そもそも人はさまざまな要因の蓄積によってアクションを起こすのであって数値化するのは困難であるが，SNSの存在が大きなウェイトを占めていることはここであらためて語るまでもない。

　SNSでの情報発信がマスに向けてのものに近くなってきた昨今，

事例3　ミュージアムのSNS事情

図3　Facebookページ「青い日記帳」画面

人数限定のweb内覧会や会員制のイベントなどに人々の注目関心が集まる揺り戻し現象も起こってきているように思える。日々刻々とダイナミックに変化を遂げるソーシャル・ネットワーキングをミュージアムや個人が「これが正しい」という一つの答えではなく，オーダーメイド的な活用をしていくことにより，いっそうその存在理由・価値も大きなものになっていくはずである。

B. SNS

ミュージアムが Twitter を用いて情報発信を行うことの意義については，Twitter 利用者の急増と認知度のアップに伴い，ますます重要性を帯びてきている。かつて 2010(平成 22)年に美術館連絡協議会事務局（略称：美連協）機関誌（「美連協ニュース」105 号）でそのことについて言及した頃が遠い昔に感じられるほどの急速な発展ぶりである。しかし，公的な側面（国公立では当たり前ではあるが）の強いミュージアムが，個人の情報発信ツールである Twitter を効果的に活用するには，かなり高いハードルが存在することは自明であるといえよう。つまり公私の"線引き"が難しいのである。

例えば，ある美術館の公式 Twitter アカウントをフォローしても定期的に展覧会情報や講演会情報といったサイトに掲載されている項目が単に告知ツイートされるだけで，肩透かしを食らった方も多いのではないだろうか。改めて説明する必要もないが，ソーシャル・ネットワーキングは人と人とが生のやり取りを行う場である。bot と変わらぬようなツイートは，一部の例外（展覧会の混雑状況ツイートなど）を除き Twitter ユーザが期待しているものとは大きく乖離している。

京都国立近代美術館の Twitter アカウントが，最も成功を収めたことには異論がないはずである。しかし，ミュージアムの情報発信ツールとしてはあまりにも先進的過ぎたことが災いし，2010(平成 22)年にわずか 8 カ月でそのアカウントは姿を消さざるをえなかった。一般企業では可能な取り組みも，ミュージアムではまだ超えねばならぬハードルが幾つも存在していることを改めて実感させられ

る「出来事」だった。

「先進的な取り組みだったのに」――惜しまれつつ終了した京都国立近代美術館の Twitter

京都国立近代美術館の Twitter が 7 月 8 日に終了した。4000人以上のフォロワーとこまめに交流しながら情報発信するアカウントで，「国立美術館として先進的な取り組みだったのに」と惜しむ人も多い。

[ITmedia]「先進的な取り組みだったのに」――惜しまれつつ終了した京都国立近代美術館の Twitter
http://www.itmedia.co.jp/news/articles/1007/09/news097.html

　ミュージアム公式 Twitter がどこも横並びで，「何となく流行っていそうだから」「他館もやっているから」的なツイートしか見られない膠着状態の現状を，果たしてどこのミュージアム公式 Twitter アカウントが打破し，パイオニアとなるのかを注視していきたい。これは Facebook ページを開設している館についても同様のことがいえよう。

　さて翻って，個人が Twitter や Facebook を用い発する情報は，年々注目・関心の度合いを高めているといえよう。ミュージアム公式アカウントの発する情報よりも，フォロワーや友人たちの「生の声」の方が展覧会へ足を運ぶきっかけとなりうる。いまだに，テレビや新聞・雑誌といった既存のマスメディアや交通広告による集客は依然として大きいものがある。しかし，大手広告代理店の調査によると，どのような情報を元に展覧会へ行くかといった質問に対しそれらに加え，Twitter，Facebook，ブログなどもまだまだ決して数は多くはないものの，しっかりとカウントされている。数年前で

はみられなかった現象である。前述した「web 内覧会」がここ数年活発に開催されている理由もまさにここにあるといえよう。SNSによるバズマーケティングが今後ますます重要視されていくことは自明であるものの,「正解」が存在しないのもまた確かなことである。京都国立近代美術館の Twitter が与えたような衝撃を,いつ,誰(個人 or 公式)がまったく別の形で先鞭をつけるのか,希望的観測をもちながら注視していきたい。

C. 主催者との連携

■ハブとしての Web 内覧会

　青い日記帳がミュージアムとそれらを利用する市民とのネットワーク構築のハブ的な役割を担うようになったのは 2008(平成 20)年からではあるが,より主体的,本格的に関わるようになったのは 2012(平成 24)年に入ってからである(ブリヂストン美術館,Bunkamura ザ・ミュージアム等)。ここでは山種美術館(〒150-0012 東京都渋谷区広尾 3-12-36)で開催したイベントについて記しておく。山種美術館から直接,拙ブログとのコラボイベントを開催しないかとの打診があり,山種美術館×青い日記帳「竹内栖鳳展」特別内覧会を 2012 年 10 月 20 日(土)に開催した。関東ではあまり名の知れていない竹内栖鳳の魅力をより多くの人に発信してもらうべく,参加資格としてブログ,Twitter,Facebook アカウントをもっていることを条件にした。

　閉館後の展示会場を参加者のみで鑑賞できることに加え,山﨑妙子山種美術館館長のギャラリートークや展覧会特製和菓子をカフェでふるまい参加者同士の交流の場も設けた。またリアルタイムで鑑賞体験や作品の感想を Twitter や Facebook に投稿してもらうた

め，展示室内を写真撮影可能とした（Twitterのハッシュタグも設定し参加者に告知）。この特別内覧会を開催したことで，これ以後「竹内栖鳳展」の集客にどれだけ効果があったのかは数字では出せないが，このイベントがあったことで初めて竹内栖鳳の名前や作品の魅力を知ったという参加者や初めて山種美術館を訪れたといった人も見受けられたことを鑑みると一応の成果はあったと自負している。なお，その後山種美術館では2013(平成25)年に「川合玉堂展」，「古径と土牛展」においても同様のイベントを開催している。

「没後70年　竹内栖鳳―京都画壇の画家たち」展関連イベント
ブロガー内覧会（青い日記帳×山種美術館共催）のお知らせ
（2012年10月10日）
http://www.yamatane-museum.jp/2012/10/blogger.html
山種美術館×青い日記帳「竹内栖鳳展」特別内覧会開催！
http://bluediary2.jugem.jp/?eid=3018

　山種美術館でのWeb内覧会以外にも，ブリヂストン美術館，Bunkamuraザ・ミュージアム，森美術館，三菱一号館美術館，三井記念美術館等と拙ブログとの共催で，同様のイベントを開催している。また展覧会主催者及びPR会社主導のWeb内覧会も東京国立近代美術館，東京都庭園美術館，国立科学博物館，江戸東京博物館，東京国立博物館，東京都美術館，損保ジャパン東郷青児美術館，パナソニック汐留ミュージアム，東京藝術大学大学美術館，横浜美術館等でも開催されるようになり，拙ブログで告知などの助勢を行っている（具体的な内容はそれぞれ展覧会やミュージアムの事情により多少の違いはある）。ここ数年で一躍名を馳せた感のあるWeb内覧会が，今後どのような形で発展していくのか，積極的に関わりつつ，一協力者としてその成長を見守っていきたい。

5章　事例研究

■トークイベント

　Web内覧会と同様な趣旨で展覧会周知を図る目的でブロガー，Twitter，Facebookアカウントを有している人を対象にゲストを招いたトークイベントも開催している。Web内覧会ではあくまでも「裏方」としての青い日記帳も，トークイベントでは前面に出ることになる。Bunkamuraザ・ミュージアムで2012(平成24)年に開催された「レーピン展」では閉館後に約80名の参加者を前に，山下裕二(明治学院大学教授)，籾山昌夫(神奈川県立近代美術館 主任学芸員)と筆者の3人で「レーピン展」をより楽しむためのトークを行った。山下，籾山ともに大変多忙であったため，スケジュールの調整に手間取り，拙ブログでトークショー参加者の募集を行ったのが約1週間前であった。不安をよそにすぐさま定員に達したのは，改めていうまでもなくSNSの時代だからこそである。なお，この成功を受けBunkamuraでは翌2013(平成25)年にも「白隠展」において，山下裕二氏，広瀬麻美氏と共に3人で同様のトークイベントを開催した。

　　Bunkamuraザ・ミュージアム「レーピン展『ブロガー・スペシャルナイト』」
　　http://bluediary2.jugem.jp/?eid=2971
　　"白隠の魅力に開眼"しました？！
　　http://bluediary2.jugem.jp/?eid=3109

　現在では三菱一号館美術館で開催される展覧会においても，ブロガー，Twitter，Facebook開設者を対象に，展覧会担当学芸員とのトークも行っている。こうした専門家とのより突っ込んだ(時に裏話的な)話題をトークショーで提供することで，参加者が単に展覧会を観た感想だけでなく，より魅力的な情報の発信が可能とな

り，結果的に集客につながることになると期待を寄せている。

　なお，SNSによる情報発信の重要性を早くから認識し積極的にイベントに取り入れているブックカフェ「6次元」でも展覧会関係者，出版関係者等を招いて何度かトークイベントを開催している。紙面の関係で具体的な事は割愛するが，詳細については，『人が集まる「つなぎ場」のつくり方：都市型茶室「6次元」の発想とは』（阪急コミュニケーションズ，2013）を参照していただきたい。

■**展覧会グッズ**

　2012（平成24）年，フェルメール「真珠の耳飾りの少女」が来日を果たし大きな話題となった展覧会「マウリッツハイス美術館展」（東京都美術館，神戸市立博物館）と拙ブログがコラボレーションし，オリジナルグッズを業界初の試みとして制作した。ブログを書き始めた当初こんな展開になろうとは，筆者を含め誰も予想だにしなかったことである。とはいうものの素人が作ったグッズなど見向きもされないのは目に見えている。そこで，ブログを通じて知り合った美術史家やデザイナーに協力を仰ぐことにした。デザインやコンセプトまたは美術史的な側面からサポートしていただいた。その過程を「Road to Mauritshuis-マウリッツハイスへの道」と称しその都度ブログで紹介した。またTwitter，Facebookと連動し，グッズの色やデザインをフォロワーに尋ねながら一丸となり展覧会公式グッズ制作にあたった。

　弥田俊男，池上英洋，熊澤弘，麦酒男・タカバシ，おおうちおさむ，林綾野，宮下規久朗（ブログ掲載順）といった豪華メンバーによって作り出された「マウリッツハイス美術館展」×「青い日記帳」オリジナルコラボグッズ。利益は一切受け取らずその分，販売価格を抑えてもらった。展覧会との関わり方としては異例中の異例であ

り，今後はあり得ないことではあるが，ブログと主催者との連携な稀有な記録として留めておきたい。

「マウリッツハイスへの道」Vol.14

http://bluediary2.jugem.jp/?eid=2942

■インタビュー記事

青い日記帳では展覧会紹介だけでなく，美術史家や展覧会担当学芸員，ミュージアム併設のカフェ，ショップの担当者に直接話を聞いて見どころをまとめ紹介するインタビュー記事も不定期で掲載している。自分が観て「面白い！」と思った展覧会を，どのような意図で企画し開催までこぎ着けたのか等，普段の記事同様にあくまでも恣意的な好奇心から書き始めたものである。しかし，読者に非常に好評で「次はあそこのミュージアムカフェについて書いて欲しい」等といったリクエストがSNSを通じ届く。思うにミュージアムの公式サイト（展覧会公式サイト）が，こうした要望に応えられていないのが一番大きな要因と思われる。ミュージアムは作品鑑賞の場であることはもちろんであるが，同時に人が集まる場でもある。そうした観点から鑑みると現在の公式サイトの至らぬ部分が垣間見えてくる。「美術館は決して敷居の高い場所ではないので，もっと多くの人に訪れてもらいたい」との声をよく耳にするが，果たして本当に思っているのか甚だ疑問に思える。

インタビュー記事まとめ

http://bluediary2.jugem.jp/?eid=2325

■「ミュージアムごはん」

インタビュー記事の派生的な存在として，「ミュージアムごはん」なるものも青い日記帳のコンテンツの中には存在する。一般の人がどのような行動の中から展覧会へ行くのか，何名かに尋ねた結果，

事例3　ミュージアムのSNS事情

まず食事をする店を決め，その周辺にあるミュージアムに向かうという意見を聞き出せた。美術館・博物館に休日ともなれば何の疑問も抱かず展覧会会場を目指す自分にとってはまさに晴天の霹靂であった。主従が逆なのである。それであるなら，潜在的に美術館周辺の「美味しいお店」情報は需要があると踏んで，お店紹介記事を書くことを思いついた。しかし単に食べログで点数の高いお店を紹介するだけでは意味がないので，ミュージアムで働く学芸員やスタッフが普段食べに行っている周辺の店を聞いて紹介しようと計画し簡単な企画書を作り，幾つかのミュージアムへ取材依頼を送った。

　これまでに8つのミュージアムに取材し「ミュージアムごはん」と題し，紹介している（三菱一号館美術館編，ブリヂストン美術館編，東京国立博物館編，山種美術館編，東京国立近代美術館編，上野の森美術館編，ポーラ ミュージアム アネックス編，東京オペラシティ アートギャラリー編）。アクセス数は通常の記事よりもはるかに多く，「ミュージアムごはん」を通して拙ブログの存在を知ってくださった方も多い。そして同様にこの記事を足がかりとして，ミュージアムに足を運んでくれる人が増えることを期待している。近年，展覧会と有名店がコラボした料理が提供したり，チケットの半券でサービスの受けられる店も増えているが，それらとは違ったベクトルで紹介しようと試みたことも成功に大きく寄与していると思われる。

　　ミュージアムごはん　ポーラ ミュージアム アネックス編
　　http://bluediary2.jugem.jp/?eid=3437

■「ぶらり，ミュージアム」「青い日記帳出前ブログ」

　主催者やミュージアムとの連携がある程度評価されたことにより，2013（平成25）年から朝日マリオン・コムで「ぶらり，ミュージアム」と題したコラムや，小学館『日本美術全集』公式サイトに「青

215

い日記帳出前ブログ」を書くに至っている。前者はグッズやカフェ等，展覧会情報とは違う切り口でミュージアムの魅力を紹介するコラム（月2回）であり，後者は『日本美術全集』の編集に携わった責任者へのインタビュー記事である。青い日記帳というブログの枠を超えて執筆する場を与えられたことは今後の活動の大きな礎になるはずである。

　ぶらり，ミュージアム
　http://www.asahi-mullion.com/column/article/burari
　青い日記帳出前ブログ　『日本美術全集』完結記念　山下裕二先生インタビュー（後編）
　http://nichibi.webshogakukan.com/bluediary/

D．まとめ

　ブログ「青い日記帳」を書き始めた当初より，一貫してある想いが根底にあるからこそ，こうした活動を続けてこられている。それは実にシンプルで「展覧会にもっと多くの方に足を運んでもらいたい」との想いである。大学に進学するまで展覧会に自ら行くことなどなかった自分が，ある教授の一言（「これだけ都内でコンサートや展覧会が開催されているのに行かないなんてもったいない」）を契機に美術館通いを始め，その面白さ奥深さに開眼した。大きなお節介かもしれないが，この面白さをできるだけ沢山の方にシェアしたいとの想いだけで毎日書き続けている。そしてSNS全盛となった時代，主催者と共催し展覧会告知イベントを行うまでに至った。穿った見方をする人もいるかもしれないが，愚直なまでに「展覧会にもっと多くの方に足を運んでもらいたい」を貫き通した10年間であった。これからどのような展開となるのか自分でも先は読めないが，この

事例3　ミュージアムのSNS事情

想いをこの先も貫いていきたい。展覧会が映画やコンサートと肩を並べる程にポピュラーな存在となる日が来ることを願いつつ。

◉本事例 3 で紹介した Web サイトのリンク集
http://www.jusonbo.co.jp/museum_informatics_series_3/

参考図書案内
（さらなる学習のために）

マーシャル・マクルーハン著，森常治訳『グーテンベルクの銀河系：活字人間の形成』みすず書房，1986.
▶インターネット，そしてSNSのような新しいメディア／仕組みの登場が，どのように人間社会に影響を及ぼすことになるのかを考えるには，過去に起こった同じような大変革を参考にすることは有意義である。グーテンベルクによる印刷技術の発明が人間の歴史と文化に与えたインパクトを，メディアに関する理論で著名なマクルーハンが考察する。メディアを語る斬新な切り口から，特定の技術に依存しない汎用的な知見を読み取りたい。

エリザベス・アイゼンステイン著，小川昭子ほか共訳『印刷革命』みすず書房，1987.
▶文字の発明以来のコミュニケーションの大変革だった「印刷革命」は，民衆の読み書き能力の普及による社会的な効用を生み出したことのみならず，人間の意識や精神活動そのものを変えてしまった。そして，変化の前後の当事者にはもはや認識の基盤となる真の共通理解を前提とすることはできない。印刷術の歴史を客観的に追う著者の視点は，20世紀にはじまり21世紀も進行中のメディア革命の理解にも深い示唆を与えてくれる。

伊藤寿朗『市民のなかの博物館』吉川弘文館，1993.
▶博物館の変革を唱えた先駆者である著者は，市民がつくる開かれた博物館を提唱した。第三世代の博物館の軸足は，第一世代の「保存」，第二世代の「公開」から市民の参加・体験へと展開する。ミュージアムは，重要な社会システムとして，伝統的な運営形態や活動を超えつつある。"目標にいたるプロセス"や"自己教育力の形成"の重視という理想は，

徐々にミュージアムの枠を超えて具体的な実例として出現してきている。次の世代を予見し構想した実績から，我々はさらに次の未来を見通す勇気をもらえるだろう。

レイ・オルデンバーグ著，忠平美幸訳『サードプレイス：コミュニティの核になる「とびきり居心地よい場所」』みすず書房，2013.
▶個人の生活を支える場所として第一の家，第二の職場とともに都市社会学が着目するのが居酒屋，カフェ，書店，図書館等のサードプレイスである。ミュージアムもソーシャル・ネットワーキングとの組み合わせによって，そのような場としての価値を生み出すことは十分に可能だろう。本書では具体的な事例としてミュージアムが取り上げられてはいないが，他のサードプレイスに目を向けることで，ミュージアムならではの優位性や不足要素に気づくきっかけを与えてくれる。

ローレンス・レッシグ著，山形浩生訳『CODE VERSION 2.0』翔泳社，2007.
▶著者は，まだネットの利用普及が道半ばだった時期に出版された前著『CODE—インターネットの合法・違法・プライバシー（原著　2000）』は，社会的な要請に先駆けてサイバースペースにおける法規制のあり方について問題提起を行った。それから7年（原書刊行時より）で，ネットは当たり前の社会基盤となった。本書は，現状にあわせ，事例を一新した改訂版（Version 2.0）である。表裏の関係にある「自由」と「規制」の問題を十分に踏まえておくことによって，変化の表層の下にある本質を見極めたい。

濱野智史『アーキテクチャの生態系：情報環境はいかに設計されてきたか』エヌティティ出版，2008.
▶日進月歩で出現するウェブ周辺のさまざまなサービスをアーキテク

チャ(〜情報環境)の観点で分析が試みられている。アーキテクチャは,明示的あるいは暗示的に我々の行動を制約し誘導する。文化の差異とサービスの盛衰に関する論考が歴史の検証に耐えられるとは限らず,個々のサービスの見立てについてもその後の変化を予見できているわけではないが,そのことをもって本書の試みが失敗したと断ずるのは拙速であろう。進行中の現象に対する分析の試案と現実の推移との対比は,未来を語る読者の参考になるはずだ。

ニコラス・G. カー著,篠儀直子訳『ネット・バカ:インターネットがわたしたちの脳にしていること』青土社,2010.
- ▶著者は,多くの有力紙誌にテクノロジーを中心とした社会的,文化的,経済的問題を論じる論考を発表している著述家である。インターネットが個人・社会に与える影響を楽観的な立場から語る論者は多いが,本書ではネットでの情報収集が我々の脳にもたらす変化について多様な観点から警鐘を鳴らしている。一時的な利便性だけで選択した情報環境が与える長期的な影響の可能性を踏まえておくことは,ミュージアムとソーシャル・ネットワーキングの組み合わせを検討するにあたっては明示的に意識しておかなければならない。

ローレンス・レッシグ著,山形浩生訳『REMIX ハイブリッド経済で栄える文化と商業のあり方』翔泳社,2010.
- ▶著者は米国の法学者であり,著作物の再利用許可の意思表示を手軽に行えるようにするためのライセンスを策定し普及を図るクリエイティブ・コモンズの創始者でもある。現行の著作権の法的な課題にとどまらない,文化の発展やイノベーションを見据えた議論の広がりは,読者の視野をも広げてくれるだろう。消費のためのリードオンリー文化(RO)と作り直されるためのリード/ライト文化(RW),商業経済と共有経済,といった概念を並置させての論考は,我々の現行の社会制度の限界と可能性に目を向ける機会も与えてくれる。

大阪市立自然史博物館・大阪自然史センター編『「自然史博物館」を変えていく』高陵社書店，2009.
  ▶一つの地域の博物館と市民のネットワークがどのように形成されてきたのかを，具体的な活動事例の積み重ねによって説明している。博物館が，自然関連活動への関心が高い個人や団体との関係を築きその協力を得て，市民との密な双方向コミュニケーションによって活動を展開していく様子は，地域・館種によらず参考となるだろう。終盤に紹介される博物館間の広域ネットワークに関する報告と合わせ，ミュージアムとソーシャル・ネットワーキングの現実と可能性を示してくれる。

西野嘉章『モバイルミュージアム行動する博物館：21世紀の文化経済論』平凡社，2012.
  ▶筆者は東京大学総合研究博物館の館長。新たな事業モデル「モバイルミュージアム」の構想と成果を紹介することで，新しい博物館の可能性を提言している。所蔵品の流動化，企業・学校とのコラボ，海外との連携などの活動は，ネットワークの形成や，分解と再構成の実例として考えられるだろう。また，学芸活動の総事業価値を高めるという視点は，公共財の維持に関して市民の支持を受けるためには必須であろう。ミュージアムとは別の研究・教育機関である大学の博物館が学術・文化面の成果と財政面の負担の問題の解を求めて意欲的な取り組んでいることに注目したい。

アルバート＝ラズロ・バラバシ著，青木薫訳『新ネットワーク思考：世界のしくみを読み解く』NHK出版，2002.
  ▶インターネットの普及とも並行し，今世紀に入って巨大で複雑なネットワークの性質について研究する学問が脚光を浴びはじめ一般向けの書籍も多数出版されることになった。著者はこの分野の代表的な研究

者の一人である。本書はネットワーク理論の最新知識を一般向けにわかりやすく解説している。学習の起点としてまず本書に取り組めば，その後の著作，他の研究者の著作などを読み進めていきやすくなるだろう。

佐々木俊尚『レイヤー化する世界：テクノロジーとの共犯関係が始まる』NHK出版，2013.
- ▶ソーシャル・ネットワーキングをささえるSNS等の新技術によって社会がどのように変わっていく可能性があるのか，思い込みで極端な楽観悲観に陥る前に，まず過去の歴史に学びたい。作家・ジャーナリストである著者は，新たに出現した技術がどのように世界を変えていくか，中世・近代の歴史までさかのぼって材料を集めて自らの展望を形成していく。本書の価値は，結果として提起された予想・予測ではない。その分析と思考の過程を我々自身も歩む必要がある

スティーブン・ローゼンバウム著，田中洋監訳・解説，野田牧人訳『キュレーション』プレジデント社，2011.
- ▶著者は，起業家，著述家，ブロガー，キュレーター。情報を「収集し，選別し，編集し，共有する」という新たな知的生産モデルを提案する。本書ではネット上のコンテンツをある一定の視点から編集することとして"キュレーション"という用語を再定義している。本書の出版後，国内でも一般市民のキュレーション作業を支援する多様な「キュレーションサイト」が出現した。ミュージアムの学芸員の仕事としての従来のキュレーションの本質とは何かを考える機会にもなるだろう。

さくいん

あ行

- アーカイブ ……………………………… 83
- アウトリーチ …………………………… 87
- 旭山動物園 ……………………………… 79
- 異化 ……………………………… 141, 147
- イコム …………………………………… 104
- インターフェース ……………………… 21
- 上野動物園 ……………………………… 79
- 上野の森美術館 ………………………… 215
- 江戸東京たてもの園 …………………… 23
- 江戸東京博物館 ………………………… 211
- 大阪市立科学館 ………………………… 99
- 大阪市立自然史博物館 ………………… 85

か行

- 学芸員 ……………………… 19, 67, 109
- 仮想化 …………………………………… 15
- 仮想空間 ………………………………… 176
- 仮想世界 …………………………… 15, 32
- きしわだ自然資料館 …………………… 92
- キュレーション ………………………… 175
- 京都国立近代美術館 …………………… 208
- クラウドファンディング ……………… 50
- クリエイティブ・コモンズ …………… 104
- 現実世界 ………………………………… 33
- 国立科学博物館 …………………… 106, 180
- 国立情報学研究所 ……………………… 102
- 個人情報 ………………………………… 46
- コミュニティ …………………………… 44

さ行

- サードプレイス ………………………… 25
- 再構成 …………………………………… 31
- 篠山チルドレンズミュージアム ……… 22
- サントリー美術館 ……………………… 206
- 指定管理者制度 ………………………… 98
- 社会教育施設 …………………………… 85
- 社会教育調査 ………………… 15, 16, 59
- 情報発信 …………………………… 119, 194
- 昭和日常博物館 ………………………… 23
- 昭和のくらし博物館 …………………… 23
- 杉並区立郷土博物館 …………………… 45
- スマートフォン ………………………… 81
- 全国科学館連携協議会 ………………… 19
- 全国科学博物館協議会 ………………… 19
- 全国歴史民俗系博物館協議会 ………… 19
- 双方向 ……………………………… 75, 196
- ソーシャル ……………………………… 13
- ソーシャル・ネットワーキング・サービス（Social Networking Service：SNS）……………………… 13
- 損保ジャパン東郷青児美術館 ………… 211

た行

- 断片化 …………………………………… 28
- 著作権 …………………………………… 46
- テキスト分析 ……………… 152, 154, 157
- 東京オペラシティ アートギャラリー
  ……………………………………… 215
- 東京藝術大学大学美術館 ……………… 211
- 東京国立博物館 ………………………… 204

東京大学総合研究博物館	145
東京都庭園美術館	211
東京都美術館	51
匿名性	40
友の会	124

な行

ニコニコ動画	56
西日本自然史系博物館ネットワーク	133
西宮市郷土資料館	93
日本科学未来館	38
日本動物園水族館協会	19
日本博物館協会	18, 60
ノード	171

は行

バーチャル空間	81
博物館総合調査	59, 100
博物館法	15, 62, 83
パナソニック汐留ミュージアム	211
美術館連絡協議会	19, 208
兵庫県立人と自然の博物館	99
琵琶湖博物館	99
複製	12
プライバシー	40
ブリヂストン美術館	210, 211
ブロガー	119
ブロガー内覧会	120
ブログ	26
文化遺産オンライン	105
文化資源	83, 142
文化資本	142
訪問頻度	159

ポーラ ミュージアム アネックス	215
ボランティア	124

ま行

マトリクス	20
三井記念美術館	211
三菱一号館美術館	211
メディア	11
森美術館	211

や・ら行

山種美術館	210
横浜美術館	211
リンク	171
リンクト・オープン・データ（LOD）	104
レイヤ	20, 183
6次産業	51

アルファベット

bot	100
Bunkamura ザ・ミュージアム	210
CGM（Consumer Generated Media）	36, 82
CiNii	101
CMS（Content Management System）	94
Facebook	29
GBIF	105
iDigBio プロジェクト	106
JTYPES	105
KH coder	152
mixi	29

さくいん

MLA ……………………………………… 86
saveMLAK プロジェクト ……………… 49
SNS ……………………………………… 83
Twitter ………………………………… 29

URL（Universal Resource Locator）
　……………………………………… 91
Web 2.0 …………………………… 14, 29

[編著者]

本間　浩一（ほんま・こういち）
　慶應義塾大学大学院システムデザイン・マネジメント研究科後期博士課程修了
　博士（システムデザイン・マネジメント学）
　現在　慶應義塾大学システムデザイン・マネジメント研究所研究員
　主著　「SNSは博物館の実装を変える力になるか」『博物館研究』（48(9), 6-9, 2013-09）
　　　　「博物館に関心を持つ市民に関する調査手法の提案：ブログの解析」『日本ミュージアム・マネージメント学会研究紀要』（共著,(15), 5-24, 2011-03）
　　　　「公立博物館のウェブサイトの現状と課題：一般市民からの視点による分析と, 価値向上のための施策の提案」『博物館学雑誌』（35(1), 1-23, 2009-12）

[執筆者]

井上　透（いのうえ・とおる）
　立教大学経済学部卒業
　国立科学博物館参与, 日本科学技術振興機構 GBIF 技術検討委員, 国立諫早青少年自然の家所長を経て,
　現在　岐阜女子大学文化創造学部教授, 同文化情報研究センター長, 同デジタルアーカイブ研究所長, 特定非営利活動法人デジタル・アーキビスト資格認定機構事務局長
　主著　『デジタル・アーカイブ要覧』（共著, 教育評論社, 2007）
　　　　『デジタルアーキビスト入門』（共著, 日本アーカイブ協会, 2014）
　　　　『地域文化とデジタルアーカイブ』（共著, 樹村房, 2017）

佐久間大輔（さくま・だいすけ）
　京都大学大学院理学研究科博士後期課程単位取得退学
　理学修士（植物生態学）
　現在　大阪市立自然史博物館学芸課長代理
　主著　『考えるキノコ摩訶不思議ワールド』（LIXIL Booklet, 2012）
　　　　「市民とともに良質なコレクションを築くために」『科学』（80(4), 415-419, 2010）
　　　　「博物館の市民対話と協働 成長のための今後の課題」『日本の博物館のこれから「対話と連携」の 深化と多様化する博物館運営』（9-17, 2017）

寺田　鮎美（てらだ・あゆみ）
　　政策研究大学院大学政策研究科公共政策プログラム博士課程修了
　　博士（文化政策研究）
　現在　東京大学総合研究博物館インターメディアテク寄付研究部門特
　　　　任准教授
　主著　「収蔵品の流動化による次世代型博物館モデルの検証：東京大学
　　　　総合研究博物館『モバイルミュージアム』プロジェクト評価中
　　　　間報告」『文化経済学』（vol.7, no.1, 2010）
　　　　「次世代博物館モデルの構築に向けた東京大学総合研究博物館モ
　　　　バイルミュージアムの有用性の検証：三つの事例分析から」『日
　　　　本ミュージアム・マネージメント学会研究紀要』（no.16, 2012）
　　　　「スクール・モバイルミュージアムの効果検証に関する利用者調
　　　　査報告：文京区立湯島小学校における『火星展』のパイロット
　　　　事例」『日本ミュージアム・マネージメント学会研究紀要』（no.17,
　　　　2013）

［事例提供者］

原田　雅子（はらだ・もとこ）
　　八洲学園大学非常勤講師

小川　義和（おがわ・よしかず）
　　国立科学博物館連携推進・学習センター長，筑波大学客員教授

中村　千恵（なかむら・ちえ）
　　三重県総合博物館学芸員

中村　剛士（なかむら・たけし）
　　青い日記帳

[企画編集委員]

水嶋　英治　（長崎歴史文化博物館館長）

水谷　長志　（跡見学園女子大学文学部教授）

田窪　直規　（近畿大学司書課程・学芸員課程教授）

田良島　哲　（東京国立博物館学芸企画部博物館情報課長）

若月　憲夫　（茨城大学人文社会科学部非常勤講師）

博物館情報学シリーズ…3
ミュージアムのソーシャル・ネットワーキング

2018年10月29日　初版第1刷発行

〈検印省略〉

編著者ⓒ　本　間　浩　一

発行者　　大　塚　栄　一

発行所　株式会社　樹村房　JUSONBO

〒112-0002
東京都文京区小石川5-11-7
電　話　　03-3868-7321
ＦＡＸ　　03-6801-5202
振　替　　00190-3-93169
http://www.jusonbo.co.jp/

組版・印刷・製本／倉敷印刷株式会社

ISBN978-4-88367-306-3　乱丁・落丁本は小社にてお取り替えいたします。